LES CINQ POINTS
DU CALVINISME

JOHN PIPER

LES....
CINQ POINTS
DU CALVINISME

SAISIR LA RICHESSE DE LA GRÂCE
SOUVERAINE DE DIEU

Édition originale en anglais sous le titre :
Five Points: Towards A Deeper Experience of God's Grace
© 2013 par The Desiring God Foundation
Publiée en 2013 par Christian Focus Publications, Ltd.

Pour l'édition française, traduite et publiée avec permission :
Les cinq points du calvinisme : saisir la richesse de la grâce souveraine de Dieu
© 2018 Publications Chrétiennes, Inc. Tous droits réservés.
Publié en 2018 par Éditions Cruciforme
230, rue Lupien, Trois-Rivières (Québec)
G8T 6W4 – Canada
Site Web : www.editionscruciforme.org

Traduction : Alexandre Grondin, Marie-Marthe Jalbert

ISBN : 978-2-924595-37-4

Dépôt légal – 2ᵉ trimestre 2018
Bibliothèque et Archives nationales du Québec
Bibliothèque et Archives Canada

« Éditions Cruciforme » est une marque déposée de Publications Chrétiennes, Inc.

À moins d'indications contraires, toutes les citations bibliques sont tirées de la Bible à la Colombe (Segond, 1978) de l'Alliance biblique française. Avec permission.

TABLE DES MATIÈRES

Avant-propos 7
1 Le contexte historique 11
2 La corruption totale 19
3 La grâce irrésistible 27
4 La rédemption particulière 33
5 L'élection inconditionnelle 51
6 La persévérance des saints 59
7 Ce que les cinq points signifient pour moi :
   un témoignage personnel 69
8 Quelques témoignages 81
9 Un appel final 91

AVANT-PROPOS

Nous aimons Dieu. Il est notre grand Trésor, et rien ne lui est comparable. Un des catéchismes anciens déclare : « Dieu est esprit, infini, éternel, et immuable dans son être, sa sagesse, sa puissance, sa sainteté, sa justice, sa bonté, et sa vérité[1]. » Tel est Celui que nous aimons. Nous aimons le panorama complet de ses perfections. Connaître Dieu et être aimé de lui rassasie l'âme d'une satisfaction éternelle. Il est infini, voilà la réponse à notre désir de plénitude. Il est éternel, comblant ainsi notre aspiration à la permanence. Il est immuable, et constitue par le fait même la solution à notre besoin de sécurité et de stabilité. Nul n'est semblable à Dieu. Rien ne se compare à lui. L'argent, la sexualité, le pouvoir, la célébrité, le triomphe – rien n'est comparable à Dieu.

Plus vous le connaîtrez, plus vous désirerez le connaître. Plus vous vous restaurerez du festin de sa compagnie, plus grand sera votre désir d'une communion riche et profonde avec lui. La satisfaction que nous recherchons au plus profond de nos cœurs nous amène à souhaiter ce jour où, par sa puissance

---

1. *Le petit catéchisme de Westminster*, question 4.

même, nous pourrons enfin l'aimer vraiment. C'est de cette façon que Jésus prie son Père pour nous : «... afin que l'amour dont tu m'as aimé soit en eux... » Voilà ce que nous désirons ardemment, que cet amour même du Père pour le Fils nous remplisse, nous rende capables d'aimer le Fils comme le Père l'a aimé. Alors les frustrations suscitées par notre amour si inadéquat deviendront choses du passé.

QUAND LE BROUILLARD SE DISSIPE

Assurément, le fait de le connaître, de l'aimer et de lui faire confiance, suscitera en nous ce désir de le connaître encore davantage. C'est la raison pour laquelle nous avons écrit ce petit livre. Il y a en nos cœurs un besoin ardent de connaître Dieu et de prendre plaisir en lui. Un autre catéchisme ancien pose la question suivante : « Quelle est la principale fin de l'Homme ? » et donne cette réponse : « La fin principale de l'Homme est de glorifier Dieu, et de jouir de lui éternellement[2]. » Nous croyons que Dieu est davantage glorifié par l'homme quand ce dernier prend plaisir en lui au plus haut point. Mais pour nous satisfaire en lui, nous devons le connaître. Le voir, c'est se délecter en lui. Tant qu'il demeure un brouillard flou et indistinct, son attrait n'est que passager. Mais nous ne serons jamais transportés de joie, à moins que le brouillard se dissipe pour nous révéler que nous nous trouvons à deux doigts d'un énorme précipice.

DES EFFORTS QUI EN VALENT LA PEINE

Nous savons qu'une connaissance éclairée de Dieu, basée sur la Bible, alimentera le feu de votre affection pour Dieu. La

---

2. *Le petit catéchisme de Westminster*, question 1.

connaissance de l'œuvre de Dieu dans le salut constitue probablement la connaissance la plus fondamentale. C'est ce dont il est question dans les cinq points du calvinisme. Ce n'est pas notre intention en parlant du calvinisme, de défendre un système. Nous désirons d'abord, en tant que croyants fondés sur la Bible, mettre la Parole de Dieu au-dessus de tout système de pensée. Mais au cours des années – et plusieurs années d'efforts éprouvants – nous avons acquis une conviction plus profonde que les cinq points du calvinisme sont bibliques et donc vrais.

Nos propres difficultés nous rendent patients envers les autres qui cheminent sur la route. Nous croyons que ces efforts qui nous poussent à comprendre ce que la Bible enseigne au sujet de Dieu en valent la peine. Dieu est un rocher puissant au milieu d'un monde de sables mouvants. Le connaître comme le Dieu souverain fera de nous des chênes indéracinables dans ce vent d'adversité et de confusion. Et notre force sera accompagnée de douceur et de tendresse au-delà de toute imagination. Le souverain Lion de Juda est aussi l'adorable Agneau de Dieu.

UNE PRIÈRE

Nous espérons que la lecture de ce petit livre vous sera utile. Vous êtes libres d'en faire la lecture selon l'ordre que vous préférez. Plusieurs parmi vous souhaiteront peut-être omettre l'introduction historique ; il n'y a aucune séquence intentionnelle à observer. Peu importe le choix que vous ferez, commencez par ce qui vous semble le plus urgent. L'aide ou le bienfait retiré vous ramènera au texte dans son entier. Si ce n'est pas le cas, retournez alors simplement à la Bible, et lisez-la de tout votre cœur. C'est ce que nous désirons accomplir en fin de compte :

que vous lisiez, compreniez, aimiez la Bible, en vous réjouissant et en obéissant, non pas à notre parole, mais à la Parole de Dieu.

Pour la prééminence de Dieu en toutes choses, pour la joie de tous les peuples...

– John Piper

Chapitre 1

LE CONTEXTE HISTORIQUE

Jean Calvin, théologien célèbre et pasteur de Genève, est décédé en 1564. Avec Martin Luther d'Allemagne, il a tenu un rôle déterminant dans la Réforme protestante. Ses *Commentaires* et son *Institution de la religion chrétienne* exercent, encore aujourd'hui, une influence extrêmement importante sur l'Église chrétienne à travers le monde.

Les églises qui ont gardé les enseignements de Calvin sont généralement appelées « églises réformées », en opposition aux ramifications luthériennes et épiscopaliennes de la Réforme. Bien que toutes les églises baptistes ne soient pas demeurées fidèles à la théologie réformée, il subsiste tout de même une tradition baptiste importante qui est issue de ces doctrines fondamentales héritées de la Réforme, et qui les chérit encore.

ARMINIUS ET LES REMONTRANTS

La controverse entre l'arminianisme et le calvinisme a débuté en Hollande au début du XVII⁰ siècle. Jacob Arminius (1560-1609), fondateur de la doctrine arminienne, a étudié sous Théodore de

Bèze, calviniste convaincu de Genève, et est devenu professeur de théologie à l'université de Leyde en 1603.

Arminius en est graduellement venu à rejeter certains enseignements calvinistes. La controverse s'est étendue à toute la Hollande, où les églises réformées représentaient une majorité écrasante. Les arminiens ont formulé leur credo en cinq articles (rédigés par Uytenbogaert), et l'ont par la suite présenté aux autorités de la Hollande en 1610, sous le nom de *Remonstrance*. Quarante-six ministres ont signé ce document[1].

Les calvinistes ont d'abord répliqué par une *Contre-Remonstrance*. Mais la réponse calviniste officielle est venue lors du Synode de Dordt qui s'est tenu tout spécialement du 13 novembre 1618 au 9 mai 1619 pour considérer les *Cinq Articles* des arminiens. Quatre-vingt-quatre membres et dix-huit commissaires séculiers ont pris part à cette décision. Le Synode a écrit ce qui est connu sous le nom de *Canons de Dordt*, faisant encore partie de la confession de l'Église Réformée d'Amérique et de l'Église Chrétienne Réformée. Les cinq points du calvinisme ont été présentés en réponse aux cinq articles des remontrants arminiens[2].

Les cinq points, comme on les nomme couramment, n'ont donc pas été choisis par les calvinistes comme résumé de leur enseignement. Ils ont tout simplement émergé en réponse et en opposition aux cinq articles des arminiens.

•

---

1. Ces *Cinq Articles* peuvent être lus dans Philip Schaff, *Creeds of Christendom*, vol. 3, p. 545-547.
2. Voir Schaff, *op. cit.*, p. 581-596.

AU CŒUR DE LA THÉOLOGIE BIBLIQUE

Il est plus important de démontrer la position biblique favorable à ces cinq points que de tout savoir de la controverse à son origine. Ces cinq points sont encore au cœur même de la théologie biblique et leur importance est donc réelle. Notre compréhension de ces choses influencera profondément notre vision de Dieu, de l'homme, du salut, de l'expiation, de la régénération, de l'assurance, de l'adoration et de la mission.

Il est possible de mémoriser les cinq points par l'acronyme « TULIP[3] ».

T – Corruption totale

U – Élection inconditionnelle

L – Rédemption particulière

I – Grâce irrésistible

P – Persévérance des saints

Il y a une raison logique pour cet ordre traditionnel : d'abord le besoin de l'homme d'être sauvé (corruption totale), puis les diverses étapes déterminées par Dieu pour sauver son peuple, selon leur occurrence. Dieu choisit (élection inconditionnelle), puis il envoie Christ mourir à la croix pour expier les péchés des élus (rédemption particulière), il les attire alors à lui par la grâce (grâce irrésistible) et enfin, il suscite en eux le désir de persévérer jusqu'à la fin (persévérance des saints).

---

3. NDÉ : En anglais, les lettres de l'acronyme « TULIP » signifient : Total Depravity, Unconditional Election, Limited Atonement, Irresistible Grace, Perseverance of the Saints. Notez que nous ne suivrons pas cet ordre dans notre présentation.

Nous concevons cependant qu'il est plus facile pour les gens de saisir ces points si nous suivons une présentation basée sur l'ordre dans lequel ils les auront expérimentés.

1. Tout d'abord, nous reconnaissons notre corruption et notre besoin d'être sauvés.
2. Ensuite, la grâce irrésistible nous conduit à la foi.
3. Nous croyons que la mort de Christ est suffisante et efficace pour effacer nos péchés.
4. Nous prenons alors conscience que sous-jacente à l'œuvre que Dieu accomplit pour expier nos péchés et nous conduire à la foi, se trouve l'élection inconditionnelle.
5. Nous nous appuyons enfin sur la grâce, qui suscite en nous la force et la volonté de persévérer par la foi jusqu'à la fin.

Ce sera l'ordre que nous suivrons dans notre présentation. Nous souhaitons expliquer clairement ce que nous croyons que les Écritures enseignent concernant ces cinq points. Notre grand désir est d'honorer Dieu en comprenant sa vérité révélée dans les Écritures et en y croyant. Nous demeurons enseignables et prêts à corriger toute idée qui serait en contradiction avec la Parole de Dieu. Nous n'avons aucun intérêt particulier envers Jean Calvin lui-même et percevons que certains de ses enseignements étaient erronés. Mais en général, nous consentons à être reconnus comme calvinistes par rapport à ces cinq points, puisque nous reconnaissons que la doctrine calviniste est fondée sur la Bible.

Nous partageons les sentiments de Jonathan Edwards qui écrivait, dans la préface de son livre *The Freedom of the Will* (La liberté de la volonté) : « Je ne m'offusquerai pas d'être qualifié de calviniste, pour l'intérêt de la distinction, bien que je désavoue absolument une dépendance à Calvin, ou le fait que j'appuie ces doctrines parce qu'il les croyait ou les enseignait lui-même. Je ne peux donc être accusé à juste titre de croire tout ce que Calvin a enseigné[4]. »

Pour le bien des lecteurs, nous fournirons une brève définition des cinq points avant de considérer les enseignements de la Bible. Cet aperçu démontrera pourquoi nous croyons que ces vérités magnifient la précieuse grâce de Dieu et apportent une joie inexprimable aux pécheurs qui se savent incapables de se sauver eux-mêmes.

CORRUPTION TOTALE

Notre corruption est si profonde et si entière que nous sommes esclaves du péché et que nous ne pouvons pas, sur le plan moral, vaincre notre rébellion et revenir de notre égarement. Nous sommes complètement incapables de nous sauver nous-mêmes. Nous dépendons à tous égards de Dieu pour que, dans sa grâce, il nous attire au Sauveur, nous fasse triompher de notre insoumission, et nous fasse réaliser notre égarement.

---

4. *The Freedom of the Will* [1754], Paul Ramsey, éd., New Haven, Conn., Yale University Press, 1957, p. 131 (traduction libre).

ÉLECTION INCONDITIONNELLE

Avant même la fondation du monde, Dieu, en Christ, nous a librement élus, par un acte inconditionnel de grâce. Dieu a ainsi choisi ceux qu'il délivrerait de l'esclavage du péché pour les amener à la repentance et à une foi salvatrice en Jésus.

RÉDEMPTION PARTICULIÈRE

La rédemption de Christ *suffit* à tous, mais n'est *efficace* que pour ceux qui croient en lui. *Sa valeur et sa toute suffisance* ne s'appliquent pas qu'à ceux qui ont cru, mais la pleine efficacité de la rédemption que Jésus a accomplie se limite à ceux pour qui elle a été préparée. La rédemption suffit à tous et elle est offerte à tous les peuples, car quiconque croit peut être lavé dans le sang de Christ. De plus, Dieu a voulu, par la mort de Christ, réaliser les promesses de la nouvelle alliance envers l'épouse choisie de son Fils. Ainsi, Christ est mort pour tous, mais sa mort ne s'applique pas à tous de la même manière.

GRÂCE IRRÉSISTIBLE

Cela signifie qu'au moment propice, la résistance que tous les humains opposent à Dieu chaque jour (Romains 3.10-12 ; Actes 7.51) est merveilleusement vaincue par celui qui offre sa grâce salvatrice et imméritée à des rebelles qu'il choisit librement de sauver.

PERSÉVÉRANCE DES SAINTS

Nous croyons que tous ceux qui sont justifiés remporteront le combat de la foi. Ils tiendront bon et ne se rendront pas à l'ennemi de leur âme. La nouvelle alliance, conclue par Dieu en vertu du sang de Christ, promet une telle persévérance aux rachetés, les encourage ainsi à veiller et leur en donne la force, jusqu'à ce qu'ils puissent dire : « J'ai combattu le bon combat » (2 Timothée 4.7), « ... non pas moi toutefois, mais la grâce de Dieu qui est avec moi » (1 Corinthiens 15.10).

Nous détaillerons maintenant chacun des cinq points. Nous ne tenons pas à avoir raison, mais à présenter clairement la Parole de Dieu. Puissent nos cœurs être sensibles et réceptifs à ces vérités.

Chapitre 2

LA CORRUPTION TOTALE

Quand nous parlons de la corruption de l'homme, il est question de sa condition naturelle, alors qu'il est séparé de la grâce exercée par Dieu pour le restreindre et le transformer.

Il ne fait aucun doute que l'homme pourrait agir encore plus méchamment envers ses contemporains qu'il ne le fait déjà. Mais s'il est retenu de poser des gestes encore pires, par des motifs autres qu'une joyeuse soumission à Dieu, sa « vertu » même est alors insupportable aux yeux de Dieu.

Romains 14.23 dit : « Or tout ce qui ne résulte pas de la foi est péché. » Il s'agit d'une accusation radicale contre toute « vertu » naturelle qui ne découle pas d'un cœur humble, d'un cœur qui compte sur la grâce de Dieu.

La terrible condition du cœur de l'homme ne sera jamais reconnue par ceux qui s'évaluent eux-mêmes en se comparant uniquement aux autres hommes. Romains 14.23 démontre clairement que la corruption est notre condition, d'abord en relation avec Dieu, et seulement par la suite en relation avec l'homme. Si nous ne réalisons pas cette vérité, nous ne saisirons jamais la totalité de notre corruption naturelle.

La corruption de l'homme est totale dans au moins quatre sens.

(1) NOTRE RÉBELLION CONTRE DIEU EST TOTALE

Abstraction faite de la grâce de Dieu, il est impossible de prendre plaisir dans la sainteté de Dieu et d'être soumis dans la joie à son autorité souveraine.

Certes, des hommes totalement corrompus peuvent être très religieux et philanthropes. Il leur est possible de prier, de donner l'aumône et de jeûner, comme Jésus l'affirme dans Matthieu 6.1-18. Mais leur religion est une rébellion contre les droits de leur Créateur si elle n'émane pas d'un cœur semblable à celui d'un enfant qui se confie en la grâce de Dieu. La religion constitue l'un des principaux moyens par lesquels l'homme dissimule sa réticence à abandonner son autosuffisance, pour fonder tous ses espoirs sur la grâce imméritée de Dieu (Luc 18.9-14 ; Colossiens 2.20-23).

La totalité de notre rébellion est exprimée dans Romains 3.9,10,18 : « ... Car nous avons déjà prouvé que tous, Juifs et Grecs, sont sous l'empire du péché... Il n'y a pas de juste, pas même un seul... nul ne cherche Dieu... la crainte de Dieu n'est pas devant leurs yeux. »

L'homme naturel ne recherche pas Dieu

C'est un mythe de croire que l'homme, dans son état naturel, aspire réellement à trouver Dieu. L'homme recherche Dieu, mais non pas pour qui il est. Il cherche Dieu parce qu'il est celui qui peut le préserver de la mort ou accroître ses plaisirs mondains. Indépendamment de la conversion, personne ne désire venir à la lumière de Dieu.

Quelques-uns viennent à la lumière. Mais lisez ce que dit Jean 3.20,21 à leur sujet : « Car quiconque fait le mal hait la lumière, et ne vient point à la lumière, de peur que ses œuvres ne soient dévoilées ; mais celui qui agit selon la vérité vient à la lumière, afin qu'il soit manifeste que ses œuvres sont faites en Dieu. »

Assurément, ceux dont les œuvres sont conçues et préparées d'avance par Dieu viennent à la lumière. En dehors de cette œuvre de grâce accordée par Dieu, tous les hommes détestent la lumière de Dieu, et ne viendront pas à lui, de peur que leur péché ne leur soit exposé. C'est ce qu'on appelle, la rébellion totale. « Nul ne cherche Dieu... la crainte de Dieu n'est pas devant leurs yeux. »

(2) DANS SA RÉBELLION TOTALE, TOUT CE QUE FAIT L'HOMME EST PÉCHÉ

Dans Romains 14.23, Paul dit : « Tout ce qui ne résulte pas de la foi est péché. » Par conséquent, si tous les hommes sont en rébellion totale, tout ce qu'ils accomplissent est le produit de la rébellion et ne peut honorer Dieu d'aucune manière, mais démontre au contraire la nature pécheresse de leur rébellion. Si un roi enseigne à ses sujets les rudiments du combat et que ces mêmes sujets se rebellent contre lui en utilisant les compétences acquises pour lui résister, ces dernières deviennent alors mauvaises.

Ainsi l'homme ayant été créé à l'image de Dieu peut faire beaucoup d'actes qui seraient louables s'ils étaient seulement produits au service de Dieu. Mais puisqu'ils sont motivés par le seul but de justifier leur rébellion, ils deviennent pernicieux et impurs.

Dans Romains 7.18, Paul déclare : « Car je le sais : ce qui est bon n'habite pas en moi, c'est-à-dire dans ma chair. » Cette confession radicale corrobore que rien de ce que nous pensons ou faisons, dans notre rébellion, ne peut être acceptable. Le fait que Paul qualifie sa dépravation avec les mots « dans ma chair » signifie qu'il consent à reconnaître l'excellence des œuvres que l'Esprit produit en lui (Romains 15.18). La « chair » est une allusion à l'homme dans son état naturel, séparé de l'œuvre de l'Esprit de Dieu. Ce que Paul affirme dans Romains 7.18 est donc que tout ce que nous pensons ou ressentons ne peut être bon sans l'œuvre de l'Esprit de Dieu.

Ce qui compte vraiment

Nous reconnaissons que les mots « bien » et « bon » possèdent un ensemble de connotations très vaste. Nous devrons les utiliser dans un sens plus limité pour parler des actions des hommes déchus, qui ne peuvent en réalité être bonnes.

Par exemple, il nous faudra dire qu'il est bien que la plupart des incroyants ne tuent pas et que certains sont capables d'accomplir des gestes bienveillants. Lorsque nous désignons ces actions comme étant « bonnes », nous entendons qu'elles sont plus ou moins conformes au modèle de vie extérieure que Dieu a ordonné dans les Écritures.

Cependant, cette conformité extérieure ne peut être qualifiée de juste en rapport avec Dieu. Ces actions ne sont pas inspirées par la foi en Dieu ou la recherche de sa gloire. Ils ne reconnaissent pas Dieu comme étant la source de tout bien, ni ne lui rendent l'honneur qui lui est dû, bien que ce soit sa volonté en toutes choses (1 Corinthiens 10.31). Ainsi, ces « bonnes œuvres » font partie de notre état de rébellion et ne sont pas considérées comme « bonnes » au sens final, soit celui qui compte vraiment pour Dieu.

(3) L'INCAPACITÉ DE L'HOMME DE SE SOUMETTRE À DIEU ET DE FAIRE LE BIEN EST TOTALE

Reprenant le terme « chair » mentionné plus haut, c'est-à-dire l'homme séparé de la grâce de Dieu, Paul le déclare totalement asservi à la rébellion. Romains 8.7,8 : « … Car les tendances de la chair sont ennemies de Dieu, parce que la chair ne se soumet pas à la loi de Dieu, elle en est même incapable. Or ceux qui sont sous l'emprise de la chair ne peuvent plaire à Dieu. »

« L'esprit de la chair » est celui de l'homme séparé de l'œuvre de l'Esprit de Dieu. Romains 8.9 : « Pour vous, vous n'êtes plus sous l'emprise de la chair, mais sous celle de l'Esprit, si du moins l'Esprit de Dieu habite en vous. » L'homme naturel n'est donc pas disposé à se soumettre à Dieu. Il ne peut se transformer lui-même.

Éphésiens 2.1 déclare que nous étions autrefois « morts par nos fautes et par nos péchés ». Le sens de cette mort est que nous étions incapables de toute vie en relation avec Dieu. Nos cœurs étaient de pierre envers Dieu (Éphésiens 4.18 ; Ézéchiel 36.26). Ils étaient aveuglés et incapables de voir la gloire de Dieu en Christ (2 Corinthiens 4.4-6). Nous étions totalement incapables de nous réformer nous-mêmes.

(4) NOTRE RÉBELLION MÉRITE TOTALEMENT LE CHÂTIMENT ÉTERNEL

Éphésiens 2.3 atteste que nous étions « par nature des enfants de colère ». Nous demeurions sous la colère de Dieu, à cause de la corruption de nos cœurs, et nous étions, en raison de notre état, morts aux yeux de Dieu.

La réalité de l'enfer est l'accusation claire de Dieu en relation avec l'ampleur de notre culpabilité. Si notre corruption ne méritait pas de châtiment éternel, Dieu serait injuste de nous menacer d'une punition aussi sévère que ces tourments éternels. Mais les Écritures enseignent que Dieu est juste en condamnant les incroyants à l'enfer éternel (2 Thessaloniciens 1.6-9 ; Matthieu 5.29s ; 10.28 ; 13.49s ; 18.8s ; 25.46 ; Apocalypse 4.9-11 ; 20.10). Par conséquent, dans la mesure où l'enfer est la sentence totale de notre condamnation, nous devons de même nous reconnaître comme totalement répréhensibles, étant séparés de la grâce de Dieu.

LA TERRIBLE VÉRITÉ DE NOTRE CORRUPTION TOTALE

En résumé, la corruption totale signifie que notre rébellion contre Dieu est totale, et tout ce que nous pratiquons dans cette rébellion est péché. Notre incapacité à nous soumettre à Dieu ou à nous réformer nous-mêmes est totale et, en conséquence, nous méritons totalement ce châtiment éternel.

Il est difficile de surestimer l'importance d'admettre que notre condition est aussi mauvaise. Si nous nous considérons comme fondamentalement vertueux ou pas totalement en désaccord avec Dieu, notre conception de l'œuvre de Dieu dans la rédemption sera alors déficiente. Mais si nous nous humilions devant cette terrible vérité de notre corruption totale, nous serons en mesure de voir et d'apprécier la gloire et les merveilles de l'œuvre de Dieu, que nous examinerons dans les quatre chapitres suivants.

Chapitre 3

LA GRÂCE IRRÉSISTIBLE

La doctrine de la grâce irrésistible de Dieu ne signifie pas qu'il soit impossible de résister à l'influence du Saint-Esprit, mais plutôt que le Saint-Esprit peut triompher de toute résistance et rendre son influence irrésistible.

Dans Actes 7.51, Étienne dit aux dirigeants juifs : « (Hommes) au cou raide, incirconcis de cœur et d'oreilles ! vous vous opposez toujours au Saint-Esprit, vous comme vos pères. » Et Paul énonce le fait d'attrister et d'éteindre le Saint-Esprit (Éphésiens 4.30 et 1 Thessaloniciens 5.19). Dieu appelle, avec instance et plusieurs exhortations qui sont pourtant rejetées. En effet, l'histoire entière d'Israël dans l'Ancien Testament est caractérisée par le récit d'une résistance prolongée, comme l'exprime la parabole des vignerons impitoyables dans Matthieu 21.33-43 et Romains 10.21.

La doctrine de la grâce irrésistible affirme que Dieu est souverain et peut vaincre toute résistance quand il le désire : « ... il agit comme il lui plaît avec l'armée des cieux et avec les habitants de la terre, et il n'y a personne qui résiste à sa main... » (Daniel 4.32). « Notre Dieu est au ciel, il fait tout ce qu'il veut »

(Psaumes 115.3). Quand Dieu entreprend d'accomplir son dessein souverain, personne ne peut lui résister avec succès.

C'est ce qu'a enseigné Paul dans Romains 9.19,20 et qui a amené son adversaire à dire : « Tu me diras donc : Qu'a-t-il encore à blâmer ? Car qui est-ce qui résiste à sa volonté ? » À quoi Paul répond : « Toi plutôt, qui es-tu pour discuter avec Dieu ? Le vase modelé dira-t-il au modeleur : Pourquoi m'as-tu fait ainsi ? Le potier n'est-il pas maître de l'argile, pour faire avec la même pâte un vase destiné à l'honneur et un vase destiné au mépris ? »

Plus précisément, la grâce irrésistible évoque l'œuvre souveraine de Dieu pour venir à bout de la rébellion de nos cœurs et nous amener à croire en Jésus-Christ afin d'être sauvés. Si notre doctrine de la corruption totale est vraie, il ne peut y avoir de salut sans la réalité de la grâce irrésistible. Si nous sommes morts dans nos péchés, totalement incapables de nous soumettre à Dieu, il nous est alors impossible de croire en Christ, à moins que Dieu ne triomphe de notre rébellion.

Quelqu'un dira peut-être : « Bien sûr, le Saint-Esprit peut nous attirer vers Dieu, mais nous pouvons user de notre liberté pour accepter ou résister à cet appel. » Nous répondons que sans l'exercice continuel de la grâce salvatrice, nous utiliserons toujours notre liberté pour résister à Dieu. Voilà ce que signifie « être incapable de se soumettre à Dieu ». Si une personne devient suffisamment humble pour se soumettre à Dieu, c'est que Dieu lui a donné une nouvelle nature empreinte d'humilité. Si le cœur de cette personne demeure endurci et orgueilleux, refusant de se soumettre à Dieu, c'est que cette personne n'a pas reçu un cœur nouveau et un esprit qui soit bien disposé. Mais pour concevoir cette vérité avec une pleine conviction, nous devons examiner les Écritures.

Dans Jean 6.44, Jésus dit : « Nul ne peut venir à moi, si le Père qui m'a envoyé ne l'attire. » Cette attirance est l'œuvre souveraine de la grâce sans laquelle personne ne peut être sauvé de la rébellion contre Dieu. Mais quelqu'un contestera encore : « Il attire tous les hommes, et non pas seulement quelques-uns. » Cette allégation reviendrait à esquiver la claire implication du contexte, qui atteste que le Père « attire ». C'est la raison même pour laquelle quelques-uns croient et que d'autres en sont incapables.

Jean 6.64,65 dit notamment : « Mais il en est parmi vous quelques-uns qui ne croient pas. Car Jésus savait dès le commencement qui étaient ceux qui ne croyaient pas et qui était celui qui le livrerait. Et il disait : C'est pourquoi je vous ai dit que nul ne peut venir à moi, si cela ne lui est donné par le Père. »

Nous devons remarquer deux choses.

Premièrement, le fait de venir à Jésus est un cadeau. Il ne s'agit pas simplement d'un heureux hasard. Venir à Jésus « est donné » à certains et pas à d'autres.

Deuxièmement, l'intention de Jésus consiste à expliquer pourquoi certains ne croient pas. Nous pourrions la paraphraser ainsi : Jésus savait depuis le début que Judas ne croirait pas en lui, en dépit de tous les enseignements et des invitations qu'il avait reçues. Parce qu'il le savait, il l'exprime en ces mots : « Nul ne peut venir à moi, si cela ne lui a été donné par le Père. » Judas n'avait pas été donné à Jésus. Il avait bénéficié de plusieurs influences favorables dans sa vie, mais ce don déterminant de la grâce irrésistible ne lui avait pas été accordé.

Nous lisons dans 2 Timothée 2.24,25 : « Or, il ne faut pas que le serviteur du Seigneur ait des querelles. Il doit, au contraire être affable envers tous, avoir le don d'enseigner et de supporter ; il doit redresser avec douceur les contradicteurs, dans l'espoir que

Dieu leur donnera la repentance pour arriver à la connaissance de la vérité...»

Dans ce passage, comme dans Jean 6.65, la repentance est considérée comme un don de Dieu. Remarquez que Jean ne dit pas simplement que le salut est un cadeau de Dieu. Il affirme que les conditions préalables au salut constituent également un cadeau. Quand une personne entend un prédicateur l'appeler à la repentance, il peut résister à cet appel. Mais si Dieu lui donne la repentance, cette personne ne peut résister, puisque le don consiste justement à anéantir la résistance. Refuser de se repentir correspond à résister au Saint-Esprit. Par conséquent, le fait que Dieu accorde la repentance signifie que la résistance est complètement éliminée. C'est la raison pour laquelle nous appelons cette œuvre de Dieu «la grâce irrésistible».

De toute évidence, la grâce irrésistible n'implique jamais que Dieu nous contraint à croire contre notre volonté. Il s'agirait d'une contradiction. Au contraire, la grâce irrésistible est compatible avec la prédication et le témoignage qui tentent de persuader les gens à faire ce qui est raisonnable et en accord avec leur plus grand intérêt.

Dans 1 Corinthiens 1.23,24, il est dit: «Nous, nous prêchons Christ crucifié; scandale pour les Juifs et folie pour les païens, mais... puissance de Dieu et sagesse de Dieu.» Remarquez les deux genres d'appel contenus dans ce texte.

D'abord, la prédication de Paul s'adresse à tous, Juifs et païens. C'est l'appel général de l'Évangile. Le salut est offert à tous ceux qui croiront au Christ crucifié. Mais dans l'ensemble, ce message tombe dans des oreilles non réceptives, et est qualifié de folie.

Cependant, Paul fait également allusion à un autre genre d'appel. Il déclare que parmi ceux qui entendent, certains sont « appelés », de telle manière qu'ils ne regardent plus la croix comme une folie, mais comme la sagesse et la puissance de Dieu. De quoi peut-il être question sinon de l'appel irrésistible de Dieu qui nous fait passer des ténèbres à sa lumière ? Si *tous* ceux qui sont appelés considèrent la croix en ce sens, comme la puissance de Dieu, alors quelque chose dans cet appel rend la foi efficace. Voilà la grâce irrésistible.

L'explication se poursuit dans 2 Corinthiens 4.4-6 : « ... les incrédules dont le dieu de ce siècle a aveuglé les pensées, afin qu'ils ne voient resplendir le glorieux Évangile du Christ, qui est l'image de Dieu. Car Dieu qui a dit : La lumière brillera du sein des ténèbres ! a brillé dans nos cœurs pour faire resplendir la connaissance de la gloire de Dieu sur la face de Christ. »

Puisque les hommes sont aveuglés et incapables de reconnaître la valeur de Christ, il faut véritablement un miracle pour les amener à voir et à croire. Paul compare ce miracle au premier jour de la création, quand Dieu a dit : « Que la lumière soit. » Il s'agit en effet d'une nouvelle création, ou d'une nouvelle naissance. C'est ce qu'implique l'appel efficace évoqué dans 1 Corinthiens 1.24.

Ceux qui sont appelés ont les yeux ouverts par la puissance créatrice et souveraine de Dieu, afin qu'ils ne voient plus la croix comme une folie, mais comme la puissance et la sagesse de Dieu. L'appel efficace est le miracle qui dissipe les ténèbres de notre aveuglement. Il s'agit de la grâce irrésistible.

Nous trouvons un autre exemple dans Actes 16.14, alors que Lydie écoute la prédication de Paul. Luc relate : « ... et le Seigneur lui ouvrit le cœur, pour qu'elle s'attache à ce que disait Paul. » À moins que Dieu ne nous ouvre le cœur, nous ne porterons pas attention au message de l'Évangile. Cette « ouverture du cœur » est ce que nous entendons par grâce irrésistible.

Cette doctrine peut aussi être décrite comme la « nouvelle naissance » ou le fait de « naître de nouveau ». Nous croyons que la nouvelle naissance est une création miraculeuse de Dieu qui permet à une personne « morte » de recevoir Christ et d'être sauvée. Nous ne croyons pas que la foi précède et suscite la nouvelle naissance. La foi est l'évidence que Dieu nous a donné une nouvelle nature : « Quiconque croit que Jésus est le Christ est né de Dieu » (1 Jean 5.1).

Quand Jean affirme que Dieu donne le pouvoir de devenir enfants de Dieu à tous ceux qui reçoivent Christ (Jean 1.13), il poursuit en disant que ceux qui reçoivent Christ « sont nés, non du sang, ni de la volonté de la chair ni de la volonté de l'homme, mais de Dieu ». En d'autres mots, il est nécessaire de recevoir Christ afin de devenir enfant de Dieu, mais la naissance qui nous amène à faire partie de la famille de Dieu est irréalisable par la volonté de l'homme.

L'homme est mort dans ses péchés et ses transgressions. Il ne peut se régénérer lui-même, ni susciter une nouvelle vie en lui-même. Il doit naître de Dieu. Avec la nouvelle nature de Dieu, il reçoit alors Christ immédiatement. Ces deux actes (la régénération et la foi) sont reliés de si près que dans l'expérience, nous ne pouvons les distinguer. Dieu nous accorde une nouvelle nature et la première lueur de vie dans cet enfant « né de nouveau » est la foi. Ainsi, la nouvelle naissance est le résultat de la grâce irrésistible, par le dessein souverain de Dieu, « ... non de la volonté de l'homme, mais de Dieu ».

Chapitre 4

LA RÉDEMPTION PARTICULIÈRE

La rédemption est l'œuvre de Dieu en Christ à la croix, par laquelle il annule la dette de notre péché, apaise sa sainte colère envers nous, et nous obtient tous les bienfaits du salut. La mort de Christ était nécessaire, car Dieu n'aurait démontré aucune considération pour sa gloire s'il n'avait fait que balayer nos péchés sous le tapis, sans en exiger de rétribution.

Romains 3.25,26 déclare que Dieu a destiné Jésus-Christ à être un « moyen d'expiation pour ceux qui auraient la foi en son sang, afin de montrer sa justice. Parce qu'il avait laissé impunis les péchés commis auparavant au temps de sa patience, il a voulu montrer sa justice dans le temps présent, de manière à être (reconnu) juste, tout en justifiant celui qui a la foi en Jésus ».

En d'autres termes, la mort de Christ était nécessaire pour exécuter la justice de Dieu en justifiant l'impie par la foi. Il serait injuste de pardonner au pécheur, comme si son péché était insignifiant, quand en réalité il constitue une insulte infinie contre la valeur de la gloire de Dieu. Par conséquent, Jésus a porté la malédiction qui nous était destinée à cause de nos péchés, afin que nous puissions être justifiés et que la justice de Dieu soit satisfaite.

QU'EST-CE QUE JÉSUS-CHRIST A ACCOMPLI EXACTEMENT ?

L'expression « rédemption particulière » suscite la question suivante : « Pour qui Christ est-il mort ? » Mais derrière la question de l'étendue de l'expiation se trouve une autre question d'égale importance concernant la nature de l'expiation. Quel a été l'accomplissement de Christ à la croix envers ceux pour qui il est mort ?

Si vous dites qu'il est mort pour chaque être humain *de la même manière*, vous devez alors définir la *nature* de l'expiation bien différemment que vous le feriez si vous aviez cru que Christ est mort uniquement pour ceux qui croient. Dans le premier cas, vous croyez que la mort de Christ n'a en réalité *garanti le salut* de personne, mais plutôt que tous les hommes peuvent maintenant être sauvés, car ils en ont le choix. Dans ce cas, la mort de Christ n'a ni supprimé la condamnation à mort des pécheurs ni assuré une vie nouvelle à quiconque. Elle n'a que présenté la possibilité d'être rachetés à des gens qui, par leur foi, décident d'accepter le salut. Selon cette définition de la rédemption, la foi et la repentance ne sont pas des dons que Dieu offre, par le sang de Christ, à certains pécheurs, mais plutôt le résultat des actions de certains pécheurs qui s'approprient le sacrifice de Christ.

Il apparaît donc clairement que la doctrine de la rédemption est intimement liée à la précédente, celle de la grâce irrésistible. Nous croyons que la Bible enseigne que la grâce irrésistible, la nouvelle naissance et l'appel à la repentance nous sont tous offerts en vertu du sang de Jésus, et cela sans que nous le méritions. Cependant, Christ n'a pas garanti ces dons à tous de la même manière. Autrement, tous seraient nés de nouveau, tous seraient appelés et tous recevraient le don de la repentance.

La question personnelle à se poser au début de ce chapitre est la suivante : est-ce que je crois que Christ m'a assurément accordé l'appel, la nouvelle vie, la foi et la repentance dont j'ai fait l'expérience ? Ou dois-je moi-même contribuer d'une quelconque façon à ces choses pour que les effets de son œuvre me soient attribués ? Car si Christ est mort pour tous les hommes de la même façon, il n'a pas obtenu la grâce régénératrice pour ceux qui sont sauvés. Ils doivent se régénérer eux-mêmes et venir à la foi par eux-mêmes. Alors et alors seulement deviennent-ils participants de tous les mérites de la croix.

En d'autres mots, si vous croyez que Christ est mort pour tous les hommes de la même manière, les avantages de la croix ne peuvent par conséquent inclure la grâce par laquelle nous sommes amenés à la foi, puisque dans ce cas, tous les hommes seraient amenés à la foi, mais tous ne le sont pas. Toutefois, si la grâce par laquelle nous sommes amenés à la foi (la grâce irrésistible) ne fait pas partie de ce que Christ a obtenu à la croix, nous devons alors nous sauver nous-mêmes de l'esclavage du péché, de la dureté de notre cœur, de l'aveuglement de la corruption, et de la colère de Dieu.

QUI EST-CE QUI LIMITE VRAIMENT L'EXPIATION ?

Ainsi, il devient évident que ce n'est pas le calviniste qui limite l'expiation, mais l'arménien. Ce dernier nie que la mort expiatrice de Christ accomplit ce dont nous avons désespérément besoin, c'est-à-dire d'être sauvés de la colère de Dieu qui produit la mort, l'aveuglement et la dureté du cœur. L'arminien limite la nature, la valeur et l'efficacité de l'expiation et peut ainsi affirmer qu'elle a été accomplie même pour ceux qui meurent dans l'incrédulité et qui sont condamnés. Pour pouvoir dire que Christ est mort pour tous les hommes de la même manière, l'arminien doit réduire l'expiation à une opportunité dépourvue de puissance fournie aux hommes pour qu'ils se sauvent eux-mêmes de leur terrible condition de dépravation.

D'autre part, nous ne limitons pas la puissance et l'efficacité de l'expiation. Nous disons simplement que par la croix, Dieu avait pour objectif la rédemption de ses enfants. Et nous affirmons que quand Christ est mort pour eux, il ne leur a pas simplement offert une occasion de se sauver eux-mêmes, mais il a acquis pour eux tout ce qui était nécessaire à leur salut, incluant la grâce de la régénération et le don de la foi.

Nous ne nions pas que tous les hommes soient *en un sens* les bénéficiaires désignés de la croix. Selon 1 Timothée 4.10, Christ « est le Sauveur de tous les hommes, surtout des croyants ». Nous rejetons, cependant, l'affirmation selon laquelle tous les hommes sont désignés *de la même manière* comme bénéficiaires de la mort de Christ. Dieu a envoyé Christ sauver *tous* les humains dans un sens général, mais il a envoyé Christ sauver ceux qui croient *dans un sens bien particulier*. Les intentions de Dieu diffèrent pour chaque groupe. Voilà une façon toute naturelle de lire 1 Timothée 4.10.

L'Évangile est offert à « tous les hommes » grâce à la mort de Jésus. Voilà d'ailleurs la signification de Jean 3.16 : « Car Dieu a tant aimé le monde qu'il a donné son Fils unique, afin que quiconque croit en lui ne périsse pas, mais qu'il ait la vie éternelle. » Dieu a donné son Fils au monde *pour que quiconque croit en lui ne périsse pas*. En ce sens, Dieu a envoyé Jésus ici-bas pour tous, ou pour reprendre 1 Timothée 4.10 : Dieu est « le Sauveur de tous les hommes ». Par sa mort, Christ a offert un pardon entièrement fiable à tous ceux qui, sans exception, placent leur foi en lui.

Lorsque l'Évangile est prêché, Christ est présenté à tous sans distinction, et l'offre authentique de salut s'adresse à tous. L'Évangile offre Christ, et quiconque le reçoit, reçoit de même tout ce qu'il a acquis pour son troupeau, son épouse. L'Évangile n'offre pas une possibilité d'être sauvé ; il *est* cette possibilité. Il offre Christ et son œuvre infinie, qu'il a accomplie pour son peuple, par sa mort et sa résurrection.

LE RÔLE CRUCIAL DE LA NOUVELLE ALLIANCE[1]

Nous affirmons que Christ est mort non seulement pour offrir le salut à tous ceux qui croient, mais pour racheter les élus, parce que la Bible déclare que le sang de Jésus assure les bénédictions de la nouvelle alliance à son peuple. La foi des appelés et des élus de Dieu a été acquise au prix du « sang de l'alliance » (Matthieu 26.28).

Selon les arminiens, Dieu doit aider les pécheurs à croire, et cela est vrai. Nous avons tous besoin de son aide, mais cela va plus loin. L'arminianisme avance que le pécheur, après

---

1. L'argumentaire qui suit est développé plus en détail dans l'article de John Piper, « My Glory I Will Not Give to Another: Preaching the Fullness of Definite Atonement for the Glory of God », dans *From Heaven He Came and Sought Her: Definite Atonement in Historical, Biblical, Theological, and Pastoral Perspective*, David et Jonathan Gibson, éd., Wheaton, Illinois, Crossway, 2013.

avoir reçu l'aide divine, décide en définitive de son sort. Dieu le secourt, mais le pécheur choisit. C'est ainsi que le « sang de l'alliance » n'assure pas la foi, car celle-ci repose sur un choix humain. Conformément à cette pensée, l'œuvre rédemptrice de Christ offre cette possibilité au pécheur, mais sans en garantir les résultats. La nouvelle alliance, conclue par le sang de Christ, nous démontre toutefois autre chose. Examinons cet enseignement. Dieu a parlé de la nouvelle alliance en Jérémie 31.31-34 :

> Voici que les jours viennent, oracle de l'Éternel, où je conclurai avec la maison d'Israël et la maison de Juda une alliance nouvelle, non comme l'alliance que j'ai conclue avec leurs pères [...], alliance qu'ils ont rompue, quoique je sois leur maître, oracle de l'Éternel. Mais voici l'alliance que je conclurai avec la maison d'Israël, après ces jours-là, oracle de l'Éternel : Je mettrai ma loi au-dedans d'eux, je l'écrirai sur leur cœur ; [...] Car je pardonnerai leur faute et je ne me souviendrai plus de leur péché.

Il existe une différence fondamentale entre la nouvelle alliance et celle traitée « avec leurs pères » ; les pères ont rompu l'ancienne alliance, mais en ce qui concerne la nouvelle, Dieu mettra sa loi au-dedans d'eux et l'écrira dans leur cœur, de sorte que Dieu lui-même assurera le respect de cette alliance. La nouvelle alliance ne sera pas rompue ; c'est ainsi qu'elle est conçue. Par elle, Dieu revendique les siens, les garde et leur promet la vie.

Dans le chapitre suivant de Jérémie, Dieu se fait encore plus clair :

> Je leur donnerai un même cœur et une même conduite, afin qu'ils me craignent toujours, pour leur bonheur et celui de leurs enfants après eux. Je conclurai avec eux une alliance éternelle, je ne me détournerai plus d'eux, je leur ferai du bien, et je mettrai ma crainte dans leur cœur, afin qu'ils ne s'écartent pas de moi. Je me réjouirai à leur sujet, pour leur faire du bien (32.39-41).

Dieu fait au moins six promesses dans ce passage : (1) je conclurai une alliance éternelle avec eux ; (2) je leur donnerai un cœur qui me craindra toujours ; (3) je ne me détournerai plus d'eux ; (4) je mettrai ma crainte dans leur cœur ; (5) je ne les laisserai pas s'éloigner de moi ; (6) je prendrai plaisir à leur faire du bien.

Dans Jérémie 32, il devient encore plus évident que Dieu prend l'initiative de veiller à la réussite de l'alliance. Dieu ne laisse pas l'homme déchu choisir d'adhérer à la nouvelle alliance ou d'y être fidèle. Il lui donne un cœur nouveau — qui le craint. Dieu agit, et non l'homme, de sorte que l'humanité ne s'écarte plus de lui (Jérémie 32.40). John Owens exprimait ainsi cette pensée : « Voilà la différence principale entre les deux alliances. Sous l'ancienne alliance, Dieu posait des conditions ; sous la nouvelle alliance, Dieu remplit les conditions pour tous ceux avec qui il a fait alliance[2]. »

Ézéchiel abonde dans le même sens : Dieu doit donner à l'homme un nouveau cœur et un nouvel esprit.

---

2. John Owen, « The Death of Death in the Death of Christ », dans *The Works of John Owen*, W. H. Goold, éd., 16 vol., Édimbourg, The Banner of Truth Trust, 1967 (1850-1853), vol. 10, p. 237 (traduction libre).

> Je leur donnerai un même cœur, et je mettrai en vous un esprit nouveau ; j'ôterai de leur chair le cœur de pierre, et je leur donnerai un cœur de chair (11.19).
>
> Je vous donnerai un cœur nouveau, et je mettrai en vous un esprit nouveau ; j'ôterai de votre chair le cœur de pierre, et je vous donnerai un cœur de chair. Je mettrai mon Esprit en vous, et je ferai en sorte que vous suiviez mes prescriptions, et que vous observiez et pratiquiez mes ordonnances (36.26,27).

Israël n'a pas cru aux promesses de Dieu et ne l'a pas aimé de tout son cœur, de toute son âme et de tout son esprit parce que ce peuple avait un cœur de pierre. Si la nouvelle alliance doit remporter plus de succès que l'ancienne, Dieu devra enlever à ce peuple son cœur de pierre et le remplacer par un cœur qui l'aime. Autrement dit, il devra prendre l'initiative miraculeuse de s'assurer la foi et l'amour des siens. Voilà ce que Moïse affirme :

> L'Éternel, ton Dieu, circoncira ton cœur et le cœur de ta descendance, pour que tu aimes l'Éternel, ton Dieu, de tout ton cœur et de toute ton âme, afin que tu vives (Deutéronome 30.6).

En d'autres mots, Dieu promet de donner un nouveau cœur aux siens, de sorte qu'ils participent à la nouvelle alliance grâce à son initiative plutôt qu'à la leur. Si une personne participe à la nouvelle alliance et à toutes ses bénédictions, c'est parce que Dieu lui a pardonné ses péchés, enlevé son cœur de pierre et donné un cœur de chair qui aime et craint Dieu, et la motive à observer ses ordonnances. La nouvelle alliance garantit donc la régénération. Elle promet de remplacer la dureté de cœur par la foi, l'amour et l'obéissance.

LE SANG DE JÉSUS NOUS A PROCURÉ LES PROMESSES DE LA NOUVELLE ALLIANCE

Dans le Nouveau Testament, Jésus est le médiateur de la nouvelle alliance grâce à son sang. Le lien qui unit rédemption et nouvelle alliance est le sang de Jésus. Sa mort avait pour but de conclure l'alliance et d'en déterminer les conditions, nommées ci-dessus.

Lors de la dernière cène, Jésus a pris la coupe après le repas en disant : « Cette coupe est la nouvelle alliance en mon sang, qui est répandu pour vous » (Luc 22.20). Quant à lui, Paul écrit ce qui suit, dans 1 Corinthiens 11.25 : « De même, après avoir soupé, (il prit) la coupe et dit : Cette coupe est la nouvelle alliance en mon sang. » J'y comprends donc que nous avons obtenu les promesses de la nouvelle alliance en vertu du sang de Christ. Dans le langage de l'épître aux Hébreux : « Jésus est devenu par cela même le garant d'une alliance meilleure » (7.22). « Voilà pourquoi il est le médiateur d'une nouvelle alliance, afin qu'une mort ayant eu lieu pour le rachat des transgressions commises sous la première alliance, ceux qui sont appelés reçoivent la promesse de l'héritage éternel » (9.15).

Il s'ensuit que toutes les promesses de la nouvelle alliance nous sont acquises par le sang. Quand elles se réalisent, c'est parce que Jésus est mort pour qu'il en soit ainsi. Cela signifie que les promesses de la nouvelle alliance, selon lesquelles Dieu devait se créer un peuple particulier qu'il garderait, sont la raison pour laquelle Jésus a offert sa vie.

Toutes les promesses de la nouvelle alliance ne dépendent pas de la foi pour se concrétiser. Sous la nouvelle alliance, Dieu promet de donner la foi. Voilà ce qui me motive à dire que le peuple de la nouvelle alliance est créé et gardé par Dieu. « Et je mettrai ma crainte dans leur cœur, afin qu'ils ne s'écartent pas de moi» (Jérémie 32.40). C'est Dieu lui-même qui met sa crainte dans notre cœur et qui nous garde de nous éloigner de lui. Il se crée un nouveau peuple qu'il protège, en vertu du sang de l'alliance, que Jésus affirme être le sien (Luc 22.20).

Par conséquent, le peuple de l'alliance est assurément racheté. Par la mort de Christ, Dieu rachète un groupe particulier de pécheurs indignes en remplissant lui-même les conditions requises pour qu'ils deviennent son peuple. Le sang de l'alliance, celui de Christ, leur procure un cœur repentant et fidèle. Dieu n'a pas agi ainsi pour tous, mais en faveur d'un groupe bien défini de gens qui n'ont rien fait pour être bénis de cette manière. Étant donné que cela est l'œuvre de Jésus-Christ, le berger qui a donné sa vie pour ses brebis, nous ne pouvons que proclamer: «... à *[lui]* soit la gloire aux siècles des siècles!» (Hébreux 13.21.) La croix de Christ n'en est que plus glorieuse.

JÉSUS A DONNÉ SA VIE POUR SES BREBIS

De nombreux passages des Écritures affirment ce que nous venons de voir, à savoir que Christ, par sa mort, voulait acquérir le peuple de la nouvelle alliance, au moyen de la grâce irrésistible.

Par exemple, nous lisons dans Jean 10.15: «Je donne ma vie pour mes brebis.» Cela ne revient pas à dire: «Je donne ma vie pour le monde entier.» Dans l'Évangile de Jean, les «brebis» ne sont pas synonymes du monde et ne font pas allusion à ceux qui, par leur propre volonté, ont cru. Elles parlent des personnes que Dieu a choisies afin de les donner à son Fils (Jean 6.37,44). Elles ne croient que parce qu'elles sont des brebis.

Dans Jean 10.26, Jésus dit : « Mais vous ne croyez pas, parce que vous n'êtes pas de mes brebis. » C'est le fait d'être une brebis qui nous permet de croire, et non l'inverse. Les brebis ne deviennent pas telles en croyant ; elles peuvent croire parce qu'elles sont des brebis. Quand Jésus affirme : « Je donne ma vie pour mes brebis », il veut dire qu'en vertu de son sang, il a racheté tous ceux que le Père lui a donnés ; il garantit leur foi et les assure des bénédictions qu'il répand sur tous les siens.

Jean 17 va dans le même sens. Jésus prie seulement pour ses brebis, c'est-à-dire pour ceux que le Père lui a donnés.

> J'ai manifesté ton nom aux hommes que tu m'as donnés du milieu du monde. Ils étaient à toi et tu me les as donnés [...] C'est pour eux que je prie. Je ne prie pas pour le monde, mais pour ceux que tu m'as donnés, parce qu'ils sont à toi [...] Et moi, je me sanctifie moi-même pour eux, afin qu'eux aussi soient sanctifiés dans la vérité (Jean 17.6,9,19).

La sanctification, ou consécration, dont il est question constitue la mort que Jésus est sur le point de subir. Sa mort est donc réservée uniquement à ses disciples, pour qui il prie. « Je ne prie pas pour le monde, mais pour ceux que tu m'as donnés, parce qu'ils sont à toi » (Jean 17.9). C'est pour eux qu'il se sanctifie et qu'il va mourir.

JÉSUS EST MORT POUR RÉUNIR LES ENFANTS DE DIEU

L'apôtre Jean nous rapporte la prophétie du souverain sacrificateur, qui nous amène au même raisonnement :

Vous ne vous rendez pas compte qu'il est avantageux pour vous qu'un seul homme meure pour le peuple et que la nation entière ne périsse pas. Or, il ne dit pas cela de lui-même, étant souverain sacrificateur cette année-là, il prophétisa que Jésus devait mourir pour la nation. Et non seulement pour la nation, mais aussi afin de réunir en un seul (corps) les enfants de Dieu dispersés (Jean 11.50-52).

Les enfants de Dieu sont disséminés à travers le monde. Ils sont les brebis. Ils sont ceux que le Père attirera au Fils. Jésus est mort pour rassembler ces personnes et en faire un peuple. Jean 10.15,16 traite du même sujet : « Je donne ma vie pour mes brebis. J'ai encore d'autres brebis, qui ne sont pas de cette bergerie ; celles-là, il *faut aussi que je les amène* ; elles entendront ma voix... » Dieu « réunit » dans Jean 11.52, et il « amène » dans Jean 10.16, mais il s'agit de la même œuvre. La croix de Christ visait ces deux objectifs. Christ est mort pour concrétiser ces vérités.

Dans Apocalypse 5.9, le ciel entier entonne un hymne à Christ : « Tu es digne de recevoir le livre et d'en ouvrir les sceaux, car tu as été immolé et tu as racheté pour Dieu, par ton sang, des hommes de toute tribu, de toute langue, de tout peuple et de toute nation. » De même, dans Jean 10.16, Jean ne dit pas que la mort de Christ a payé la rançon de tous les hommes, mais que des hommes de toutes les tribus du monde ont été rachetés.

C'est ainsi que nous comprenons les textes comme 1 Jean 2.2, que certains utilisent pour s'opposer à la doctrine de la rédemption particulière. Dans une formulation qui ressemble à celle de Jean 11.52, l'apôtre écrit : « Il est lui-même victime expiatoire pour nos péchés, non seulement pour les nôtres, mais aussi pour ceux du monde entier. » Est-ce que cela signifie que Christ est mort dans le but d'apaiser la colère de Dieu pour chaque personne dans le monde ? D'après les versets que nous avons cités dans Jean, il ne semble pas que ce soit le cas. En fait, le parallèle grammatical entre Jean 11.51,52 et 1 Jean 2.2 est tellement étroit qu'il est difficile d'échapper à la conviction que Jean poursuit la même intention dans ces deux passages.

> Il prophétisa que Jésus devait mourir pour la nation. Et non seulement pour la nation, mais aussi afin de réunir en un seul (corps) les enfants de Dieu dispersés (Jean 11.51,52).

> Il est lui-même une victime expiatoire pour nos péchés, non seulement pour les nôtres, mais aussi pour ceux du monde entier (1 Jean 2.2).

Le « monde entier » fait référence aux « enfants de Dieu dispersés » à travers le monde entier. Nous concluons donc que, dans 1 Jean 2.2, l'apôtre veut préciser que l'œuvre propitiatoire de Christ ne se restreint pas aux Juifs, à une seule race ou à une seule classe de gens. Aucun groupe humain ne peut dire que Christ n'a fait la propitiation que des péchés de sa collectivité. Au contraire, par son œuvre propitiatoire, Jésus désire rassembler des gens de partout dans le monde. « J'ai encore d'autres brebis qui ne sont pas de cette bergerie » (Jean 10.16), des brebis dispersées dans le monde entier. Voilà les brebis pour lesquelles il est mort : les rachetés de Dieu qui sont dispersés dans le monde et qui proviennent « de toute tribu, de toute langue, de tout peuple et de toute nation » (Apocalypse 5.9).

JÉSUS A DONNÉ SA VIE EN RANÇON POUR BEAUCOUP

En accord avec Apocalypse 5.9 (« ... tu as été immolé et tu as racheté pour Dieu, par ton sang, des hommes de toute tribu... »), Jésus affirme dans Marc 10.45 : « Car le Fils de l'homme est venu, non pour être servi, mais pour servir et donner sa vie en rançon pour beaucoup. » Il ne parle pas de racheter *tous* les hommes, mais *beaucoup* de personnes.

De même, dans Matthieu 26.28, Jésus dit, lors de la dernière cène : « Ceci est mon sang, le sang de l'alliance, qui est répandu pour *beaucoup*, pour le pardon des péchés. » Hébreux 9.28 poursuit ainsi : « ... de même aussi le Christ, qui s'est offert une seule fois pour porter les péchés *d'un grand nombre*, apparaîtra une seconde fois sans (qu'il soit question du) péché, pour ceux qui l'attendent en vue de leur salut. » Ésaïe 53.11,12 affirme par ailleurs que le serviteur souffrant « a porté le péché de *beaucoup* ».

JÉSUS S'EST LIVRÉ LUI-MÊME POUR L'ÉGLISE

Un des passages les plus clairs concernant la finalité de la mort de Christ est Éphésiens 5.25-27 :

> Maris, aimez chacun votre femme, comme le Christ a aimé l'Église et s'est livré lui-même pour elle, afin de la sanctifier après l'avoir purifiée par l'eau et la parole, pour faire paraître devant lui cette Église glorieuse, sans tache, ni ride, ni rien de semblable, mais sainte et sans défaut.

Ici, Paul affirme que l'Église, l'épouse de Christ, est la bénéficiaire visée de sa mort. L'une des raisons pour lesquelles je veille jalousement sur la doctrine de la rédemption particulière, c'est que je souhaite que l'épouse de Christ soit émue en considérant l'amour que celui-ci lui a porté en mourant pour elle. Par son amour, il ne rachetait pas le monde, mais son épouse. Dieu connaissait les siens, et il a envoyé son Fils ici-bas racheter sa bien-aimée.

> Habitant le ciel même
> Il vint se l'attacher
> Et, par un don suprême,
> Mourut pour la sauver[3].

Quand l'Église croit que Dieu n'avait aucun peuple particulier en vue lorsqu'il l'a rachetée par le sang de son Fils, l'amour que Jésus portait à son épouse lui échappe. J'avais l'habitude de dire à l'assemblée que je servais que j'aimais toutes les femmes de mon Église, mais que j'aimais ma femme d'une affection toute particulière. Je n'aurais pas voulu que Joëlle se croie aimée simplement parce qu'elle est une femme et que j'aime toutes mes paroissiennes. Il en est ainsi de Dieu. Il aime tous les peuples du monde, mais il aime particulièrement l'épouse. Or, par sa mort, Christ visait un but bien précis : s'offrir pour racheter celle qu'il connaissait avant la fondation du monde.

LA PRÉCIEUSE LOGIQUE DE ROMAINS 8.32

Un des textes les plus fondamentaux au sujet de la portée de la rédemption est Romains 8.32. C'est une des promesses les plus précieuses de toute la Bible pour le peuple de Dieu. Paul dit :

---

3. Samuel J. Stone, « L'Église universelle a pour roc Jésus-Christ », traduction française de Fernard Barth.

« Lui qui n'a pas épargné son propre Fils, mais qui l'a livré pour nous tous, comment ne nous donnera-t-il pas aussi tout avec lui, par grâce ? » Paul ne fournit pas de réponse à cette question, car il suppose que nous la trouverons et que nous la transformerons ensuite en promesse inviolable. Qui est donc le « nous tous » de ce verset ? Ce sont les gens dont on parle aux versets 29 à 31 :

> Car *ceux* qu'il a connus d'avance, il les a aussi prédestinés à être semblables à l'image de son Fils, afin qu'il soit le premier-né d'un *grand nombre de frères*. Et *ceux* qu'il a prédestinés, il les a aussi appelés ; et *ceux* qu'il a appelés, il les a aussi justifiés, et *ceux* qu'il a justifiés, il les a aussi glorifiés. Que dirons-*nous* donc à ce sujet ? Si Dieu est pour *nous*, qui sera contre *nous* ?

La raison pour laquelle Paul peut nous promettre au verset 32 que Dieu nous donnera tout avec lui, c'est qu'il s'adresse à ceux qu'il a connus d'avance, prédestinés, appelés et justifiés. Ce sont les « brebis », les « enfants de Dieu dispersés ». L'apôtre affirme que la mort de Christ leur fournit la ferme assurance de recevoir toutes choses avec lui. Voilà la précieuse logique de Romains 8.32.

Cette logique devient toutefois incohérente si Dieu a donné son Fils pour des milliers de gens qui vont périr. On la lit alors ainsi : « Étant donné que des milliers de personnes pour qui Dieu n'a pas épargné son propre Fils sont perdues, il est donc faux qu'elles recevront tout avec lui. » Ce n'est pas ce que dit le verset.

Il déclare que, parce que Dieu a donné son Fils pour le rachat de son peuple, connu d'avance et prédestiné depuis la fondation du monde, celui-ci recevra tout ce que Dieu veut lui donner. Il s'ensuit que Dieu n'a pas seulement offert son Fils au monde en général, mais qu'il garantit des richesses infinies à son peuple. Nous désirons ardemment que le peuple de Dieu soit conscient de cette vérité et qu'il l'approfondisse. La rédemption n'est pas générale ; par elle, Dieu démontre son amour pour l'Église, dont l'avenir est assuré par le sang de Christ.

Pour résumer, la rédemption particulière nous montre que Dieu vise un but précis pour ses élus en leur donnant Christ. Il ne leur offre pas la possibilité de croire et d'être sauvés, mais il rachète leur foi même. La conversion des élus de Dieu est assurée par le sang de Christ. Ceux-ci ne l'emportent pas sur leur rébellion contre Dieu et leur état de mort spirituelle par un effort de volonté. C'est la grâce souveraine de Dieu qui l'emporte sur leur rébellion et leur état de mort. Et c'est la mort de Christ qui leur acquiert cette grâce.

La grâce divine se présente à nous comme un océan d'amour dont nous pouvons jouir. Dieu ne souhaite pas que l'épouse de son Fils se sente aimée d'un amour général qui s'applique au monde entier. Il veut que l'amour qu'il lui portait avant même la fondation du monde la ravisse. Il veut qu'elle se sache choisie, qu'elle comprenne que Dieu a envoyé son Fils mourir pour elle.

C'est le message que nous proclamons au monde. Nous ne le gardons pas pour nous. Et nous n'y sommes pas infidèles en déclarant au monde que tout ce que nous avons à lui offrir est un amour général. Nous lui présentons une rédemption complète et bien précise. Nous lui offrons Christ. Nous n'invitons pas le monde à accepter une possibilité, mais à recevoir Christ. Ce que nous pouvons lui promettre ensuite, c'est que ceux qui croient seront unis à Christ et à son épouse. Tout ce que Christ a racheté pour son épouse leur appartiendra assurément, pour toujours.

Leur foi prouvera qu'ils font partie des élus. Leur conversion attestera qu'ils sont déjà les bénéficiaires visés de la rédemption particulière, qu'ils sont ses rachetés.

Pour mieux comprendre la grâce de Dieu, nous étudierons maintenant la doctrine de l'élection, car c'est pour les élus que Christ est mort, leur démontrant ainsi son amour éternel.

Chapitre 5

L'ÉLECTION INCONDITIONNELLE

Si tous nous sommes si dépravés que nous ne pouvons venir à Dieu sans être nés de nouveau par la grâce irrésistible de Dieu, et si cette grâce particulière est obtenue par Christ à la croix, il est alors évident que n'importe lequel d'entre nous doit son salut à l'élection de Dieu.

L'élection réfère au choix de Dieu concernant ceux qu'il sauvera. Elle est inconditionnelle au sens où l'homme n'a aucune condition à remplir pour être choisi par Dieu pour le salut. L'homme est mort dans ses offenses et ses péchés. Il n'y a donc aucune condition qu'il puisse remplir avant d'être sauvé par Dieu de sa condition de « mort ».

Nous ne disons pas que le salut final est inconditionnel. Il ne l'est pas. Nous devons remplir la condition de la foi en Christ pour hériter de la vie éternelle. Mais la foi n'est pas une condition pour l'élection. C'est tout à fait l'inverse. L'élection est une condition pour recevoir la foi. C'est parce que Dieu nous a choisis avant la fondation du monde qu'il assure notre rédemption à la croix, nous ramène à la vie par la grâce irrésistible et nous conduit à la foi.

L'ÉLECTION PRÉCÈDE LA FOI

Actes 13.48 rapporte de quelle manière les gentils ont répondu à la prédication de l'Évangile à Antioche de Pisidie : « Les païens se réjouissaient en entendant cela, ils glorifiaient la parole du Seigneur, et tous ceux qui étaient destinés à la vie éternelle crurent. » Remarquez qu'il n'est pas dit que ceux qui crurent ont été choisis pour hériter de la vie éternelle. L'élection préalable de Dieu est la raison pour laquelle certains croient tandis que les autres en sont incapables.

De même Jésus dit aux Juifs dans Jean 10.26 : « Mais vous ne croyez pas parce que vous n'êtes pas de mes brebis. » Il ne dit pas : « Vous n'êtes pas mes brebis parce que vous ne croyez pas. » Le fait d'être une brebis est une décision que Dieu prend pour nous avant même que nous croyions. C'est le fondement, et ce qui nous rend capables de croire. Nous croyons parce que nous sommes des brebis choisies par Dieu, non pas l'inverse (voir Jean 8.47 ; 18.37).

L'ASPECT INCONDITIONNEL DE L'ÉLECTION

Dans Romains 9, Paul accentue l'aspect inconditionnel de l'élection. Par exemple, les versets 11 à 13 décrivent le principe que Dieu a appliqué dans le choix de Jacob et le rejet d'Ésaü : « ... car les enfants n'étaient pas encore nés et ils n'avaient fait ni bien ni mal, pourtant – afin que le dessein de Dieu demeure selon l'élection qui dépend non des œuvres, mais de celui qui appelle – il fut dit à Rébecca : *L'aîné sera asservi au plus jeune...* » L'élection de Dieu

L'ÉLECTION INCONDITIONNELLE

est inconditionnelle parce qu'elle est statuée avant même que nous soyons nés ou ayons fait quoi que ce soit de bien ou de mal.

Notez que certains interprètes disent que Romains 9 n'a rien à voir avec l'élection des individus en lien avec leur destinée éternelle. Ils affirment que le chapitre concerne uniquement les rôles historiques tenus par les peuples qui sont descendus de Jacob et Ésaü.

Nous recommandons *The Justification of God* (La justification de Dieu) de John Piper[1] qui a été écrit pour examiner ce problème même. Il conclut que le texte de Romains 9 relate non seulement les rôles historiques des peuples, mais réfère également à la destinée éternelle des individus, puisqu'entre autres raisons (p. 38-54), les versets 1-5 posent un problème quant à l'état de perdition individuelle des Israélites qui serait totalement ignoré si le chapitre n'abordait pas la question des individus.

La grâce élective et inconditionnelle de Dieu est amplifiée de nouveau dans Romains 9.15,16 : « *Je ferai miséricorde à qui je ferai miséricorde, et j'aurai compassion de qui j'aurai compassion. Ainsi donc, cela ne dépend ni de celui qui veut, ni de celui qui court, mais de Dieu qui fait miséricorde.* »

Nous ne comprenons vraiment pas la miséricorde si nous pensons que nous pouvons l'initier par notre propre volonté ou nos propres efforts. Nous sommes désespérément liés dans les ténèbres du péché. Si nous sommes destinés à être sauvés, Dieu doit inconditionnellement prendre l'initiative dans notre cœur et nous disposer irrésistiblement à lui être soumis (voir Romains 11.7).

---

1. John Piper, *The Justification of God: An Exegetical and Theological Study of Romans 9:1-23*, Grand Rapids, Baker Academic, 1993.

UNE AUTRE DÉCLARATION PUISSANTE

Éphésiens 1.3-6 est une autre déclaration puissante sur l'aspect inconditionnel de l'élection et de la prédestination :

> Béni soit le Dieu et Père de notre Seigneur Jésus-Christ, qui nous a bénis de toute bénédiction spirituelle dans les lieux célestes en Christ. En lui, Dieu nous a élus avant la fondation du monde, pour que nous soyons saints et sans défaut devant lui. Dans son amour, il nous a prédestinés par Jésus-Christ à être adoptés, selon le dessein bienveillant de sa volonté, pour célébrer la gloire de sa grâce qu'il nous a accordée en son bien-aimé.

Certains interprètes ont avancé que cette élection avant la fondation du monde concernait seulement l'élection de Christ, et non celle des individus par laquelle ils sont véritablement en Christ. Cela signifierait simplement qu'il n'y a pas d'élection inconditionnelle applicable aux individus pour le salut. Christ est présenté comme « l'élu » de Dieu et le salut des individus dépend de leur propre initiative à surmonter leur corruption et à être unis à Christ par la foi. Dieu ne les élit pas et par conséquent, il ne peut les convertir de manière efficace. Il peut simplement attendre de voir qui se lèvera de son état de « mort » et le choisira.

Cette interprétation ne cadre pas avec le verset 11 où il est dit qu'ils sont « prédestinés selon le plan de celui qui opère tout selon la décision de sa volonté ».

La formulation littérale du verset 4 ne s'harmonise pas non plus avec cette interprétation. La signification ordinaire du mot « élus » ou choisis, au verset 4, signifie sélectionnés au sein d'un groupe (Luc 6.13 ; 14.7 ; Jean 13 – 18 ; 15.16-19) Le sens naturel du verset est donc que Dieu choisit son peuple parmi toute l'humanité avant la fondation du monde, en les considérant dans leur relation avec Christ, leur rédempteur.

Toute élection est en relation avec Christ. Il n'y aurait pas d'élection menant au salut pour les pécheurs, si Christ n'avait pas été désigné pour mourir pour leurs péchés. En ce sens, ils sont donc élus en Christ. Mais ce sont eux, et non seulement Christ, qui sont choisis hors du monde.

Les mots du verset 5 suggèrent aussi l'élection de personnes pour qu'elles soient en Christ, non seulement l'élection de Christ. Ce verset dit littéralement : « nous ayant prédestinés à la filiation à travers Jésus-Christ ». Nous sommes ceux qui sont prédestiné, non pas Christ. Il est celui qui rend l'élection des pécheurs possible, et notre élection est donc accomplie « à travers lui ». Cependant, il n'est nullement question ici d'une élection de Dieu conçue uniquement pour Christ.

UN TEXTE IMPORTANT

Le texte le plus important en rapport avec l'élection inconditionnelle est probablement Romains 8.28-33 :

> Nous savons, du reste, que toutes choses coopèrent au bien de ceux qui aiment Dieu, de ceux qui sont appelés selon son dessein. Car ceux qu'il a connus d'avance, il les a aussi prédestinés à être semblables à l'image de son Fils, afin qu'il soit le premier-né d'un grand nombre de frères. Et ceux qu'il a prédestinés, il les a aussi appelés ; et ceux qu'il a appelés, il les a aussi justifiés, et ceux qu'il a justifiés, il les a aussi glorifiés. Que dirons-nous donc à ce sujet ? Si Dieu est pour nous, qui sera contre nous ? Lui qui n'a pas épargné son propre Fils, mais qui l'a livré pour nous tous, comment ne nous donnera-t-il pas

aussi tout avec lui, par grâce? Qui accusera les élus de Dieu? Dieu est celui qui justifie!

Ce texte est souvent utilisé pour argumenter contre l'élection inconditionnelle sur la base du verset 29 qui dit: «ceux qu'il a connus d'avance, il les a aussi prédestinés...» Certains disent alors que les personnes ne sont pas choisies inconditionnellement. Elles sont choisies en raison de leur foi, laquelle est produite sans l'aide de la grâce irrésistible et que Dieu les connait à l'avance.

Mais une telle affirmation ne cadre pas avec le contexte. Remarquez que Romains 8.30 dit: «Et ceux qu'il a prédestinés, il les a aussi appelés; et ceux qu'il a appelés, il les a aussi justifiés, et ceux qu'il a justifiés, il les a aussi glorifiés.» Considérez un moment le fait que ceux que Dieu appelle, il les justifie aussi.

L'appel dont il est question au verset 30 n'est pas donné à tous. Nous le savons parce que tous ceux qui sont appelés sont aussi justifiés – cependant, tous les hommes ne sont pas justifiés. Ainsi, cet appel du verset 30 n'est pas l'appel général à la repentance lancé par les prédicateurs, ni l'appel que Dieu adresse à travers la gloire de sa création. Tous reçoivent cet appel. L'appel du verset 30 est donné seulement à ceux que Dieu a prédestinés à être semblables à l'image de son Fils (v. 29). Et c'est un appel qui conduit nécessairement à la justification: «ceux qu'il a appelés, il les a aussi justifiés».

Mais nous savons que la justification est par la foi (Romains 5.1). Quel est donc cet appel qui est donné à tous ceux qui sont prédestinés et qui conduit à la justification? Il doit s'agir de l'appel de la grâce irrésistible. C'est l'appel de 1 Corinthiens 1.24, dont nous avons discuté dans les pages précédentes.

Entre la prédestination et la justification, il y a l'appel. Puisque la justification est accomplie uniquement par la foi, l'appel dont il est question doit être l'acte de Dieu qui suscite la foi. Et comme il en résulte inévitablement la justification, cet appel doit être irrésistible. Personne n'est appelé (dans ce sens, et non pas dans celui de Matthieu 22.14) sans être également justifié. Tous les appels sont justifiés. Donc, l'appel du verset 30 constitue l'œuvre souveraine de Dieu, qui amène une personne à la foi par laquelle elle est justifiée

Maintenant, remarquez l'implication de cette conclusion sur la signification de « connus d'avance » au verset 29. Quand Paul dit : « ceux qu'il a connus d'avance, il les a aussi prédestinés », il ne peut vouloir dire (quoique plusieurs tentent de lui prêter cette intention) que Dieu connaît d'avance ceux qui utiliseront leur libre arbitre pour venir à la foi, afin de les prédestiner à devenir semblables à son Fils, parce qu'ils ont fait ce choix délibérément. Le sens doit être différent puisque nous avons vu à partir du verset 30 que les individus ne viennent pas à la foi par leur propre moyen. Ils sont appelés irrésistiblement.

Dieu ne connaît pas d'avance la libre décision qu'adoptent les hommes de croire en lui, pour la bonne raison qu'une telle décision n'existe pas. Si quelqu'un vient à la foi en Jésus, c'est parce qu'il a été tiré de son état de « mort » (Éphésiens 2.5) par l'Esprit créateur de Dieu. C'est-à-dire qu'il est en réalité appelé des ténèbres à la lumière.

Ainsi, la « prescience » de Romains 8.29 n'est pas la simple conscience d'une chose qui se produira dans l'avenir sans la prédétermination de Dieu. C'est plutôt le genre de connaissance dont il est question dans des textes de l'Ancien Testament comme Genèse 18.19 qui déclare au sujet d'Abraham : « Car je l'ai choisi [*litt.*, « *connu* »], afin qu'il ordonne à ses fils et à sa famille après lui de garder la voie de l'Éternel. » De même, dans Jérémie 1.5 : « Avant que je ne te forme dans le ventre de ta mère, je te connaissais, et avant que tu ne sortes de son sein, je t'avais consacré, je t'avais établi prophète pour les nations. » Et Amos 3.2 : « Je vous ai choisis, vous seuls [*Israël*] parmi toutes les familles de la terre. »

Comme le mentionne C. E. B. Cranfield, la prescience de Romains 8.29 constitue « cette connaissance particulière d'une personne qui est la grâce élective de Dieu ». Une telle prescience est pratiquement la même chose que l'élection : « Ceux qu'il a connus [*choisis*] d'avance, il les a prédestinés à être semblables à son Fils. »

Par conséquent, ce texte magnifique (Romains 8.28-33) enseigne que Dieu accomplit vraiment la rédemption complète de son peuple, du début à la fin. Il connaît d'avance, c'est-à-dire élit un peuple pour lui-même avant la fondation du monde, il prédestine ces personnes à être conforme à l'image de son Fils, il les appelle à lui par la foi, il les justifie par cette foi et enfin, il les glorifie et rien ne peut les séparer de l'amour de Dieu manifesté en Christ pour l'éternité (Romains 8.39). À lui toute louange et toute gloire ! Amen.

Chapitre 6

LA PERSÉVÉRANCE DES SAINTS

Il découle de cette discussion que le peuple de Dieu *persévérera* jusqu'à la fin et ne sera pas perdu. Ceux qui sont connus d'avance sont prédestinés, ceux qui sont prédestinés sont appelés, ceux qui sont appelés sont justifiés, et ceux qui sont justifiés sont glorifiés. Pas un seul de ce groupe n'est perdu. Appartenir à ce peuple, c'est connaître la sécurité éternelle.

Mais la persévérance des saints implique bien plus. C'est-à-dire que les saints persévéreront et doivent persévérer dans cette obéissance qui vient de la foi. L'élection est inconditionnelle, mais la glorification ne l'est pas. Les Écritures contiennent beaucoup d'avertissements concernant ceux qui ne demeurent pas attachés à Christ et le fait qu'ils peuvent être perdus à la fin.

Les huit thèses suivantes résument notre compréhension de cette doctrine cruciale.

(1) NOTRE FOI DOIT PERSÉVÉRER JUSQU'À LA FIN AFIN QUE NOUS SOYONS SAUVÉS

Cela signifie que le ministère de la Parole est l'instrument dont Dieu se sert pour préserver la foi de même que pour la susciter. Après qu'une personne ait prié pour recevoir Christ, nous retenons notre souffle, comme si nous pouvions être assurés, selon notre perspective, qu'elle est maintenant hors de la portée du malin. Il y a un combat de foi à livrer. Nous devons persévérer jusqu'à la fin dans la foi pour être sauvés.

1 Corinthiens 15.1,2 : « Je vous rappelle, frères, l'Évangile que je vous ai annoncé, que vous avez reçu, dans lequel vous demeurez fermes, et par lequel aussi vous êtes sauvés, si vous le retenez dans les termes où je vous l'ai annoncé ; autrement, vous auriez cru en vain. »

Colossiens 1.21-23 : « Et vous, qui étiez autrefois étrangers et ennemis par vos pensées et par vos œuvres mauvaises, il vous a maintenant réconciliés par la mort dans le corps de sa chair, pour vous faire paraître devant lui saints, sans défaut et sans reproche ; si vraiment vous demeurez dans la foi, fondés et établis pour ne pas être emportés loin de l'espérance de l'Évangile... »

2 Timothée 2.11,12 : « Cette parole est certaine : Si nous sommes morts avec lui, nous vivrons aussi avec lui ; si nous persévérons, nous régnerons aussi avec lui... »

Marc 13.13 : « ... mais celui qui persévérera jusqu'à la fin sera sauvé ».

Voir aussi Apocalypse 2.7,10,11,17, 25,26 ; 3.5,11,12,21.

(2) L'OBÉISSANCE, L'ÉVIDENCE DU RENOUVELLEMENT INTÉRIEUR PAR DIEU, EST NÉCESSAIRE POUR LE SALUT FINAL

Cela ne signifie pas que Dieu nous demande la perfection. Il est évident, selon Philippiens 3.12,13, 1 Jean 1.8-10 et Matthieu 6.12 que le Nouveau Testament n'exige pas que nous soyons parfaits et sans péché afin d'être sauvés. Mais le Nouveau Testament nous demande d'être moralement transformés et que nous marchions en nouveauté de vie.

Hébreux 12.14 : « Recherchez la paix avec tous, et la sanctification, sans laquelle personne ne verra le Seigneur. »

Romains 8.13 : « Si vous vivez selon la chair, vous allez mourir ; mais si par l'Esprit vous faites mourir les actions du corps, vous vivrez. »

Galates 5.19-21 : « Or, les œuvres de la chair sont évidentes, c'est-à-dire inconduite, impureté, débauche, idolâtrie, magie, hostilités, discorde, jalousie, fureurs, rivalités, divisions, partis-pris, envie, ivrognerie, orgies, et choses semblables. Je vous préviens comme je l'ai déjà fait : ceux qui se livrent à de telles pratiques n'hériteront pas du royaume de Dieu » (voir aussi Éphésiens 5.5 et 1 Corinthiens 6.10).

1 Jean 2.3-6 : « À ceci nous reconnaissons que nous l'avons connu : si nous gardons ses commandements. Celui qui dit : Je l'ai connu, et qui ne garde pas ses commandements, est un menteur, et la vérité n'est pas en lui. Mais celui qui garde sa parole, l'amour de Dieu est vraiment parfait en lui. À ceci nous reconnaissons que nous sommes en lui : celui qui déclare demeurer en lui, doit marcher aussi comme lui (le Seigneur) a marché » (voir aussi 1 Jean 3.4-10,14 ; 4.20).

Jean 8.31 : « Jésus dit alors aux Juifs qui avaient cru en lui : Si vous demeurez dans ma parole, vous êtes vraiment mes disciples » (voir aussi Luc 10.28 ; Matthieu 6.14,15 ; 18.35 ; Genèse 18.19 ; 22.16,17 ; 26.4,5 ; 2 Timothée 2.19).

(3) LES ÉLUS DE DIEU NE PEUVENT ÊTRE PERDUS

C'est pourquoi nous croyons en la sécurité éternelle, à savoir, la sécurité éternelle des élus. Cela implique que Dieu travaillera de telle manière que ceux qu'il a choisis pour le salut éternel seront rendus capables par lui de persévérer dans la foi jusqu'à la fin et que, par la puissance du Saint-Esprit, ils rempliront les exigences de l'obéissance.

Romains 8.28-30 : « Nous savons, du reste, que toutes choses coopèrent au bien de ceux qui aiment Dieu, de ceux qui sont appelés selon son dessein. Car ceux qu'il a connus d'avance, il les a aussi prédestinés à être semblables à l'image de son Fils, afin qu'il soit le premier-né d'un grand nombre de frères. Et ceux qu'il a prédestinés, il les a aussi appelés ; et ceux qu'il a appelés, il les a aussi justifiés, et ceux qu'il a justifiés, il les a aussi glorifiés. » Il est évident d'après ce passage que ceux qui sont réellement appelés à l'espérance du salut, persévéreront certainement jusqu'à la fin et seront glorifiés.

Jean 10.26-30 : « Mais vous ne croyez pas, parce que vous n'êtes pas de mes brebis. Mes brebis entendent ma voix. Moi, je les connais, et elles me suivent. Je leur donne la vie éternelle ; elles ne périront jamais, et personne ne les arrachera de ma main. Mon Père, qui me les a données, est plus grand que tous ; et personne ne peut les arracher de la main du Père. Moi et le Père, nous sommes un » (voir aussi Éphésiens 1.4,5).

(4) IL SE PEUT QUE DES CROYANTS TOMBENT, MAIS SI CETTE CONDITION PERSISTE, CELA DÉMONTRE QUE LEUR FOI N'ÉTAIT PAS AUTHENTIQUE ET QU'ILS N'ÉTAIENT PAS NÉS DE DIEU

1 Jean 2.19 : « Ils sont sortis de chez nous, mais ils n'étaient pas des nôtres ; car, s'ils avaient été des nôtres, ils seraient demeurés avec nous ; mais de la sorte, il est manifeste que tous ne sont pas des nôtres. » De la même façon, la parabole du semeur de Luc 8.9-14 présentent des individus qui « entendent la parole, la reçoivent avec joie ; mais ils n'ont pas de racine, ils croient pour un temps et au moment de l'épreuve ils se retirent ».

Le fait qu'une telle chose puisse se produire est précisément la raison pour laquelle chaque église locale doit inclure dans le ministère de la Parole des encouragements à persévérer dans la foi et à ne pas se laisser empoigner par des choses susceptibles de les étouffer et de les conduire à leur condamnation.

(5) DIEU NOUS JUSTIFIE À PARTIR DU PREMIER ACTE DE FOI SALVATRICE AUTHENTIQUE, ET CE FAISANT, IL A EN VUE TOUS LES ACTES DE FOI SUBSÉQUENTS CONTENUS COMME UNE SEMENCE DANS CE PREMIER ACTE

Ce que nous essayons de faire ici est conforme à Romains 5.1, par exemple, qui enseigne que nous sommes déjà justifiés devant Dieu. Dieu n'attend pas la fin de nos vies pour nous déclarer justes. En fait, nous serions incapables d'avoir l'assurance et la liberté de satisfaire aux exigences radicales de Christ à moins d'avoir l'assurance que nous pouvons déjà nous tenir justifiés devant lui à cause de notre foi.

Néanmoins, nous devons reconnaître que notre salut final est conditionnel à l'obéissance subséquente qui vient de la foi. Ces deux vérités sont reliées puisque ceux qui ne mènent pas une vie de foi, comportant inévitablement ses fruits d'obéissance, témoignent simplement du fait que leur premier acte de foi n'était pas authentique.

Romains 4.3 soutient cette vérité en citant Genèse 15.6 comme le moment où Abraham a été justifié par Dieu. Il s'agit d'une référence à un acte de foi qui s'est produit tôt dans la vie d'Abraham. Cependant, Romains 4.19-22 réfère à une expérience d'Abraham survenue plusieurs années plus tard (alors qu'il avait 100 ans, voir Genèse 21.5,12). Ce passage de Romains déclare qu'Abraham a été reconnu juste à cause de cette foi. En d'autres mots, il semble que la foi qui a justifié Abraham n'est pas qu'un premier acte de foi, mais la foi qui a engendré des actes d'obéissance plus tard dans sa vie. (La même chose pourrait être démontrée à partir de Jacques 2.21-24, se rapportant à un acte survenu plus tard dans la vie d'Abraham, au moment où il a offert son fils Isaac en sacrifice, selon Genèse 22.) Nous rattachons ces vérités bibliques importantes en affirmant que nous sommes justifiés par notre premier acte de foi, mais non sans y associer tous les actes de foi subséquents qui engendrent l'obéissance que Dieu exige. La foi seule est l'instrument (non pas la base) de notre justification, parce que Dieu en fait le seul moyen par lequel nous sommes unis à Christ, en qui nous devenons « justice de Dieu » (2 Corinthiens 5.21).

(6) DIEU AMÈNE SES ÉLUS À PERSÉVÉRER

Nous ne sommes pas livrés à nous-mêmes, et notre assurance est considérablement enracinée dans l'amour souverain de Dieu pour accomplir ce qu'il nous a appelés à faire. 1 Pierre 1.5 : « ... à vous qui êtes gardés en la puissance de Dieu, par la foi, pour le salut prêt à être révélé dans les derniers temps. » Jude 24,25 : « À celui qui peut vous préserver de toute chute et vous faire paraître devant sa gloire, irréprochables dans l'allégresse, à Dieu seul, notre Sauveur, par Jésus-Christ notre Seigneur, soient gloire, majesté, force et autorité dès avant tous les temps, maintenant et dans tous les siècles ! Amen ! »

1 Thessaloniciens 5.23,24 : « Que le Dieu de paix vous sanctifie lui-même tout entiers ; que tout votre être, l'esprit, l'âme et le corps, soit conservé sans reproche à l'avènement de notre Seigneur Jésus-Christ ! Celui qui vous a appelés est fidèle, et c'est lui qui le fera. »

Philippiens 1.6 : « Je suis persuadé que celui qui a commencé en vous une œuvre bonne, en poursuivra l'achèvement jusqu'au jour du Christ-Jésus. »

1 Corinthiens 1.8,9 : « Il vous affermira aussi jusqu'à la fin, (pour que vous soyez) irréprochables au jour de notre Seigneur Jésus-[Christ]. Dieu est fidèle, lui qui vous a appelés à la communion de son Fils, Jésus-Christ notre Seigneur. »

(7) PAR CONSÉQUENT, NOUS DEVRIONS NOUS EMPLOYER AVEC ZÈLE À CONSOLIDER NOTRE APPEL ET NOTRE ÉLECTION

Nous lisons dans 2 Pierre 1.10 : « C'est pourquoi frères, efforcez-vous d'autant plus d'affermir votre vocation et votre élection : en le faisant, vous ne broncherez jamais. C'est ainsi que vous sera largement accordée l'entrée dans le royaume éternel de notre Seigneur et Sauveur Jésus-Christ. » Pierre ne suppose pas que notre vocation et notre élection sont fragiles et qu'elles doivent être étayées. Nous avons clairement vu, dans Romains 8.29,30, que la vocation et l'élection sont les deux réalités les plus sûres selon Dieu. Elles forment des maillons indestructibles de la chaîne du salut.

Pierre souhaite exhorter les chrétiens à affirmer ces réalités avec assurance et à en témoigner continuellement par leur joie. Dans les versets précédents, il a écrit : « Sa divine puissance nous a donné tout ce qui contribue à la vie et à la piété, en nous faisant connaître celui qui nous a appelés par sa propre gloire et par sa vertu » (2 Pierre 1.3). Il ne nous a pas abandonnés à nous-mêmes en ce qui concerne la confirmation de notre vocation et de notre appel.

Sa divine puissance nous permet de croître en foi, en vertu, en connaissance, en maîtrise de soi, en persévérance, en piété, en fraternité et en amour (2 Pierre 1.5-7). Autrement dit, nous nous efforçons tellement de croire les promesses de Dieu et de nous appuyer sur sa force, que nous mettons le péché à mort par la puissance du Saint-Esprit et que nous poursuivons l'amour avec joie. La foi agissant par l'amour (Galates 5.6) nous permet d'affirmer notre vocation et notre appel.

(8) LA PERSÉVÉRANCE EST UN TRAVAIL COLLECTIF

Dieu n'a jamais voulu que les siens mènent seuls le combat de la foi. Nous devons nous défendre l'un l'autre. Paul énonce une affirmation remarquable au sujet de la persévérance des élus dans 2 Timothée 2.10 : « C'est pourquoi je supporte tout à cause des élus, afin qu'eux aussi obtiennent le salut qui est en Christ Jésus, avec la gloire éternelle. » Cette déclaration en surprend beaucoup. Les élus ne sont-ils pas assurés d'obtenir le salut et la gloire ? Nul doute. Ceux que Dieu a justifiés, il les a glorifiés.

Cette question soulève toutefois une hypothèse que nous souhaitons écarter, selon laquelle l'obtention de certains résultats ne nécessite aucun effort. On fait erreur en pensant de cette manière. Dieu réserve assurément son salut à ses élus, mais il veut le confirmer en fournissant aux siens des partenaires pour le combat de la foi. Paul considérait son ministère comme essentiel à la persévérance des élus.

Voici un exemple pour nous aider à comprendre cela. Supposons que Dieu ait prédestiné un clou à se trouver complètement enfoncé dans une poutre. Si Dieu a planifié cela ainsi, est-ce que cela veut dire qu'il est indifférent aux marteaux pour autant ? Pas du tout. En fait, il a prévu que c'est à l'aide du marteau que le clou pénétrera dans le bois.

De même, les élus seront certainement sauvés et recevront la gloire éternelle. Est-ce que cela signifie que Dieu est indifférent au ministère par lequel on cherche à les amener au ciel ? Au contraire, Dieu l'a rendu essentiel. Par ailleurs, cela ne touche en rien à l'assurance du salut, puisque Dieu règne autant sur la fin que sur les moyens.

Cette vérité se reflète dans Hébreux 3.12,13 : « Prenez donc garde, frères, que personne parmi vous n'ait un cœur méchant et incrédule, au point de se détourner du Dieu vivant. Mais exhortez-vous chaque jour, aussi longtemps qu'on peut dire : Aujourd'hui ! afin qu'aucun de vous ne s'endurcisse par la séduction du péché. » Dieu ne permettra à aucun de ses élus de se détourner et d'être détruit. Il nous préserve toutefois des chutes (Jude 1.24) au moyen de l'exhortation des autres chrétiens. Voilà l'un des plus grands hommages rendus à l'Église. Dieu a déterminé que le corps de Christ garde, sans faute, ses élus.

Nous terminons ce chapitre en espérant que vous examinerez de plus près la grâce inlassable de Dieu. Si vous la méditez, vous découvrirez que la grâce du Dieu de l'alliance surpasse de beaucoup tout autre concept de la sécurité éternelle qui la rend plus impersonnelle et machinale. Savoir que Dieu vous a choisi, qu'il vous a appelé, qu'il vous a donné la foi, qu'il ne vous abandonnera jamais, qu'il vous gardera et qu'il vous fera paraître avec joie, sans reproche, devant sa gloire – cette assurance procure une joie, un courage et une force qui surpassent tout. Que Dieu puisse vous amener à approfondir votre compréhension de la grâce de la persévérance.

Chapitre 7

CE QUE LES CINQ POINTS SIGNIFIENT POUR MOI :
UN TÉMOIGNAGE PERSONNEL

Voici ce que mon adhésion aux cinq points du calvinisme, aux doctrines de la grâce, a produit dans ma vie.

1. CES VÉRITÉS M'AMÈNENT À ÊTRE ÉMERVEILLÉ PAR DIEU ET ME POUSSENT À L'ADORER, LUI SEUL

Dans les années 1970, alors que j'enseignais l'épître aux Éphésiens au Bethel College, j'ai vu, pour la première fois, le triple objectif de toute œuvre entreprise pour Dieu, c'est-à-dire « célébrer la gloire de sa grâce » (Éphésiens 1.6,12,14).

J'ai alors compris que nous sommes incapables d'enrichir Dieu, et que sa gloire brille avec le plus d'éclat lorsque nous trouvons en lui la source de toutes nos œuvres au lieu de tenter de satisfaire ses besoins. « À lui la gloire dans tous les siècles. Amen ! » (Romains 11.36.) L'adoration devient une fin en soi.

J'ai compris à quel point j'aime peu Dieu. C'est ainsi que, faisant miens les psaumes où David soupire après Dieu, j'en suis venu à l'adorer plus intensément.

2. CES VÉRITÉS ME GARDENT DE TRAITER À LA LÉGÈRE CE QUI CONCERNE DIEU

Notre culture est éprise, à tort, de tout ce qui est banal, mièvre ou astucieux. La télévision est d'ailleurs l'un des plus grands responsables de notre dépendance à ce qui est superficiel et insignifiant. Or, nous entraînons Dieu dans cette situation, et nous faisons peu de cas de ce qui le touche.

Le sérieux et le respect ne sont pas très à la mode aujourd'hui, même s'ils ont pu l'être dans le passé. Certes, il est triste de voir des personnes trop sérieuses qui sont incapables de relaxer ou d'échanger des banalités, mais le plus grand drame, à l'heure actuelle, c'est que les gens n'ont pas appris à faire preuve de révérence envers Dieu. Sa magnificence semble les laisser indifférents. Ils ne connaissent qu'un type de relations, celles que l'on traite avec désinvolture. Voilà une situation tragique qui appauvrit l'âme.

Robertson Nicole a écrit ce qui suit au sujet de C. H. Spurgeon :

> L'évangélisation humoristique [*nous dirions cool, marrante, futée ou axée sur le marché*] pourrait bien attirer les foules, mais elle corrompt l'âme et détruit le germe même de la religion. Ceux qui ne connaissent pas les sermons de M. Spurgeon croient qu'il était un prédicateur amusant. En réalité, son ton était on ne peut plus sérieux, solennel et révérencieux[1].

---

1. Cité dans *The Forgotten Spurgeon* d'Iain Murray, Édimbourg, Banner of Truth Trust, 1973, p. 38 (traduction libre).

La magnificence de Dieu qui se manifeste dans les doctrines de la grâce a servi d'ancre à mon âme. Elle m'accorde beaucoup de joie et me garde de succomber à l'étourderie.

3. CES VÉRITÉS FONT QUE JE M'ÉMERVEILLE DE MON SALUT

Après avoir exposé, dans Éphésiens 1, le grand salut de Dieu, Paul prie, dans la dernière partie de ce chapitre, que Dieu « illumine les yeux de votre cœur, afin que vous sachiez quelle est l'espérance qui s'attache à son appel, quelle est la glorieuse richesse de son héritage au milieu des saints, et quelle est la grandeur surabondante de sa puissance envers nous qui croyons » (1.18,19). Il demande à Dieu que ceux qui liront sa lettre fassent l'expérience de ce qu'il venait d'enseigner, qu'ils saisissent ce qui leur était arrivé.

Lorsque Dieu nous donne une impression de sa majesté et de notre méchanceté, notre vie chrétienne transcende la piété traditionnelle. Jonathan Edwards explique ce phénomène ainsi :

> Les désirs des saints, quoique sincères, sont humbles. Leur espérance est humble et leur joie, bien que glorieuse et inexprimable, est humble et contrite. Le chrétien est pauvre en esprit, il ressemble davantage à un enfant, et il est plus disposé à être sans prétention dans toute sa conduite[2].

---

2. *Religious Affections*, New Haven, Yale University Press, 1959, p. 339-340 (traduction libre).

4. CES VÉRITÉS ME RENDENT CONSCIENT DES CHOSES QUI VEULENT SE SUBSTITUER À LA BONNE NOUVELLE

Dans mon livre, *Les plaisirs de Dieu*[3], je démontre qu'en Nouvelle-Angleterre, au XVIIIe siècle, l'abandon de la croyance en la souveraineté de Dieu a mené à l'arminianisme, puis à l'universalisme, et ensuite à l'unitarisme. Le même phénomène s'est reproduit au XIXe siècle, après le décès de Spurgeon.

Le livre d'Iain Murray, *Jonathan Edwards : A New Biography* (Jonathan Edwards : une nouvelle biographie), fait un constat identique : « Les convictions calvinistes se sont affaiblies en Amérique du Nord. Dans la foulée du déclin prédit par Edwards, les Églises congrégationalistes de la Nouvelle-Angleterre qui avaient adopté l'arminianisme après le Grand Réveil se sont graduellement laissé aller, sous l'influence de Charles Chauncy, à l'unitarisme et à l'universalisme[4]. »

Le livre de J. I. Packer, *Quest for Godliness* (La quête de la sainteté), démontre que Richard Baxter a abandonné cet enseignement et que la génération suivante à Kidderminster en a récolté le fruit amer[5].

Ces doctrines gardent donc le chrétien des enseignements humains, sous leurs diverses formes, qui corrompent l'Église et l'affaiblissent de l'intérieur, tout en lui permettant de conserver les apparences et sa popularité. L'Église du Dieu vivant, si on lui

---

3. John Piper, *Les plaisirs de Dieu*, Longueuil, Ministères Multilingues, 2006, 392 p.
4. Iain Murray, *Jonathan Edwards : A New Biography*, Édimbourg, Banner of Truth, 1987, p. 454 (traduction libre).
5. J. I. Packer, *Quest for Godliness*, Wheaton, Illinois, Crossway Books, 1990, p. 160.

inculque bien la vérité, est « la colonne et l'appui de la vérité » (1 Timothée 3.15).

5. CES VÉRITÉS ME FONT DÉPLORER LE FAIT QUE NOTRE SOCIÉTÉ MALADE DÉNIGRE DIEU

Que je lise les journaux, fasse une recherche sur Google, regarde la télévision ou même un panneau publicitaire, je constate toujours que Dieu en est absent. Quand on traite Dieu, la plus importante réalité de l'univers, comme s'il n'existait pas, on s'expose à sa colère. Je peux encore être scandalisé de cela, et vous ? De nombreux croyants se sont soumis à l'influence de la drogue qui engourdit le monde. Certains pensent qu'il est vertueux d'ignorer Dieu et inventent des surnoms cyniques pour ceux qui utilisent son nom dans tous les contextes. Les enseignements qui précèdent constituent un antidote puissant à ce genre de négligence et de cynisme.

Les chrétiens vivent pour affirmer la réalité de Dieu et sa suprématie en tout. Il est donc urgent que nous nous tirions du sommeil. Ces vérités me rendent conscient de notre besoin et m'incitent à prier pour un réveil, car seul un Dieu souverain peut le produire.

6. CES VÉRITÉS M'ASSURENT DU FAIT QUE DIEU VA ACHEVER L'ŒUVRE QU'IL A PRÉVUE ET COMMENCÉE, TANT SUR LE PLAN PERSONNEL QUE SUR LE PLAN MONDIAL

La vérité selon laquelle Dieu se sert de sa puissance souveraine pour me garder m'est extrêmement précieuse. Je connais mon cœur fier, égoïste et idolâtre. Nous avons grand besoin de prier ainsi :

> Oh ! l'immensité de la grâce,
> J'en serai toujours reconnaissant ;
> Qu'elle soit le lien qui nous attache
> Comme un seul cœur éternellement ;
> Prends mon cœur et prends mon âme,
> Change-moi pour te ressembler ;
> Que mon être ta gloire proclame
> Par ma vie sois glorifié[6].

Je veux, j'ai besoin, qu'il m'enchaîne à lui chaque jour, qu'il me saisisse, qu'il me tienne, qu'il me garde. Or, les doctrines de la grâce satisfont parfaitement ce besoin. C'est d'ailleurs ce que Dieu a promis d'accomplir pour moi : « Et je mettrai ma crainte dans leur cœur, afin qu'ils ne s'écartent pas de moi » (Jérémie 32.40). « Je te soutiens de ma droite victorieuse » (Ésaïe 41.10). Je me couche chaque soir en sachant qu'à mon réveil, je serai toujours croyant, non en raison de mon libre arbitre, mais par la grâce de Dieu. Cela a plus de valeur à mes yeux que des millions de dollars.

---

6. « Come Thou Fount of Every Blessing » [Source de tout mon bonheur], adaptation française de Louise Arsenault.

7. CES VÉRITÉS ME FONT TOUT CONSIDÉRER À LA LUMIÈRE DES DESSEINS SOUVERAINS DE DIEU. DE LUI, PAR LUI ET POUR LUI SONT TOUTES CHOSES. À LUI SOIT LA GLOIRE ÉTERNELLEMENT !

En examinant la vie à la lumière de ces doctrines, je constate que tout se rapporte à Dieu ; qu'il est le commencement et la fin de toutes choses. Il n'existe aucun domaine où il n'est pas particulièrement important. Il confère une signification à tout (1 Corinthiens 10.31).

Ma perspective se fonde sur le fait que les desseins souverains de Dieu s'accomplissent dans l'Écriture et que Dieu « opère tout selon la décision de sa volonté » (Éphésiens 1.11). Dieu imprègne ma réalité. Il est l'auteur de tout ce qui est glorieux. Tout est de lui et pour lui. Les paroles de Jonathan Edwards m'enflamment parce qu'elles représentent tellement bien les résultats de la doctrine de la grâce :

> Quand la créature de Dieu le connaît, le respecte, l'aime, se réjouit en lui et le loue il lui *manifeste* sa gloire et sa créature la *reconnaît* ; il lui *procure* sa plénitude et sa créature la lui *rend*. Voilà *l'émanation* et la *réciprocité*. La splendeur divine resplendit sur la créature et revient à sa source. Dieu fait briller sur elle les rayons de sa gloire, et ils reviennent à lui. Tout est de Dieu, en Dieu et pour Dieu ; il est le commencement et la fin[7].

---

7. Jonathan Edwards, « The End for Which God Created the World », p. 275, dans John Piper, *God's Passion for His Glory*, Wheaton, Illinois, Crossway Books, 1998, p. 248 (traduction libre).

8. CES VÉRITÉS ME FONT CROIRE QUE DIEU VEUT RÉPONDRE À LA PRIÈRE QUI LUI DEMANDE DE TRANSFORMER DES GENS, ET QU'IL EN A LE DROIT ET LA PUISSANCE

La raison qui nous motive à prier, c'est que Dieu peut changer des choses, y compris le cœur humain. Il peut vaincre la volonté de l'homme. En priant : « Que ton nom soit sanctifié » (Matthieu 6.9), nous sollicitons de lui qu'il fasse en sorte que ceux qui ne le sanctifient pas en viennent à le faire. En demandant « que la parole du Seigneur se répande et soit glorifiée » (2 Thessaloniciens 3.1), nous prions pour que Dieu ouvre les cœurs à l'Évangile. C'est ce qu'il a fait dans mon cas, en réponse à la prière de mes parents. C'est ce que je prie avec joie pour d'autres.

Je me sers des promesses de la nouvelle alliance afin de plaider auprès de Dieu pour qu'il les accomplisse dans la vie des gens et dans le travail missionnaire partout dans le monde. Je prie ainsi, car Dieu a le droit et le pouvoir d'agir de cette manière. Aucune personne ne peut l'en empêcher.

> Ô Dieu, ôte de leur chair leur cœur de pierre et donne-leur un cœur de chair (Ézéchiel 11.19).

> Seigneur, circoncis leur cœur de sorte qu'ils t'aiment (Deutéronome 30.6).

> Père, mets ton Esprit en eux et fais-les pratiquer tes ordonnances (Ézéchiel 36.27).

> Ô Dieu, accorde-leur la repentance pour arriver à la connaissance de la vérité et pour se dégager des pièges du diable (2 Timothée 2.25,26).

Père, ouvre leur cœur pour qu'ils croient l'Évangile (Actes 16.14).

La plupart des chrétiens ressemblent aux calvinistes quand ils prient. Un grand nombre de chrétiens sincères prient en croyant que Dieu a le droit et la puissance non seulement de guérir des corps et de changer des circonstances, mais aussi de transformer des cœurs. Autrement dit, la prière se fonde sur la capacité qu'a Dieu de surmonter toute résistance humaine. Cela signifie donc que la doctrine de la grâce irrésistible nous fait espérer que Dieu exaucera les prières que nous lui présentons pour la conversion des âmes.

9. CES VÉRITÉS ME RAPPELLENT QUE, SI NOUS VOULONS QUE DES GENS SOIENT SAUVÉS, NOUS DEVONS ABSOLUMENT LES ÉVANGÉLISER. NOUS POUVONS PAR AILLEURS ESPÉRER D'Y RÉUSSIR, TOUT EN SACHANT QUE LEUR CONVERSION NE DÉPEND PAS DE NOUS ET QUE LA DURETÉ DE LEUR CŒUR N'Y FERA PAS OBSTACLE

Les doctrines de la grâce rendent possible l'évangélisation de personnes mortes sur le plan spirituel. Sans la grâce de Dieu, nous ferions tout aussi bien de prêcher dans un cimetière. En réalité, c'est le cas, parce que le monde est un cimetière. La prédication de la croix est folie pour l'homme naturel, car « il ne peut [la] connaître, parce que c'est spirituellement qu'on en juge » (1 Corinthiens 2.14). L'évangélisation puise donc tout son sens dans les doctrines de la grâce. Nous croyons sincèrement que Dieu peut ressusciter les morts.

De plus, il se sert des humains pour y parvenir. « Vous [...] avez été régénérés, non par une semence corruptible, mais par une semence incorruptible, *par la parole vivante et permanente de Dieu* » (1 Pierre 1.23). Dieu donne vie aux humains au moyen de sa Parole. Pierre ajoute : « Cette parole est celle qui vous a été annoncée par l'Évangile » (1 Pierre 1.25). C'est l'Évangile, la puissance de Dieu pour le salut de quiconque croit (Romains 1.16).

Les doctrines de la grâce nous permettent donc d'espérer que l'évangélisation produira des fruits dans les endroits les plus difficiles. Lorsqu'on parle de mort spirituelle, il n'y a pas de différence entre un musulman, un hindou ou un non-croyant endurci. Ils ne sont pas plus morts que n'importe quel « homme naturel ». D'ailleurs, Dieu est capable de l'impossible. Il ressuscite les morts (Éphésiens 2.1-6). Devant l'endurcissement du jeune homme riche, Jésus a déclaré : « Aux hommes, cela est impossible, mais à Dieu, tout est possible » (Matthieu 19.26).

Je ne désespère pas en considérant ce qui reste à faire sur le plan des missions mondiales. J'entends plutôt Jésus dire : « J'ai encore d'autres brebis qui ne sont pas de cette bergerie ; celles-là, il faut aussi que je les amène ; elles entendront ma voix » (Jean 10.16). Il s'agit d'une affirmation catégorique. Les doctrines de la grâce ont donné leur impulsion missionnaire à William Carey, à David Livingston, à Adoniram Judson, à Henry Martyn, à John Paton, ainsi qu'à des milliers d'autres. Elles m'ont également incité à promouvoir la grande œuvre missionnaire.

10. CES VÉRITÉS M'ASSURENT DU TRIOMPHE ULTIME DE DIEU

« Car je suis Dieu, et il n'y en a point d'autre, je suis Dieu, et rien n'est semblable à moi. J'annonce dès le commencement (ce qui vient par) la suite et longtemps d'avance ce qui n'est pas encore accompli. Je dis : Mon projet tiendra bon, et j'exécuterai tout ce que je désire » (Ésaïe 46.9,10).

En résumé, Dieu est Dieu. Il est absolument souverain et sa grâce dépasse l'entendement. Il n'a pas laissé le monde périr dans son péché. Ayant prévu, dans sa sagesse et son amour infini, un grand salut pour son peuple et sa création, il y œuvre et le complétera. Il est donc glorifié en nous, et nous nous réjouissons en lui. Tout ce qu'il a planifié se concrétisera. « Le conseil de l'Éternel subsiste à toujours » (Psaume 33.11).

Chapitre 8

• • • • •
QUELQUES TÉMOIGNAGES

Il est possible de croire toutes ces choses avec la tête et d'aller tout de même en enfer. Nous sommes par nature tellement dupes et hypocrites. Notre souci en écrivant ces choses n'est donc pas de convaincre uniquement l'esprit, mais aussi de gagner le cœur.

Nous désirons pour les autres la douce expérience qui consiste à trouver le repos dans l'immense consolation que procurent ces vérités. Nous voulons que les autres ressentent l'encouragement fantastique à rechercher la justice et à répondre à notre mission par ces vérités. Nous voulons pour les autres l'expérience qui consiste à connaître et à croire en la grâce souveraine de Dieu, de telle manière que lui et lui seul en retire la gloire.

À cette fin, nous avons rassemblé ici quelques témoignages attestant ce que ces vérités ont signifié pour certains grands chrétiens du passé. Ceux qui ont réellement connu ces vérités vous diront qu'elles n'ont jamais été de simples spéculations pour la tête, mais ont toujours constitué une puissance pour le cœur et la vie.

AUGUSTIN

Augustin a été converti de manière retentissante par la grâce irrésistible de Dieu, après avoir mené une vie dissolue. Il écrit dans ses *Confessions* (X, 40):

> C'est pourquoi mon Dieu, toute mon espérance n'est fondée que sur la grandeur de votre miséricorde. Donnez-moi la grâce d'accomplir ce que vous me commandez; et commandez-moi ce que vous voudrez... C'est la continence qui nous ramène à cette unité suprême dont nous nous étions éloignés pour nous répandre dans la multiplicité des créatures. Car celui-là vous en aime moins, qui aime quelque chose avec vous qu'il n'aime pas pour l'amour de vous. Ô amour qui brûlez toujours et ne vous éteignez jamais! Charité qui êtes mon Dieu, embrasez-moi de vos flammes. Vous me commandez d'être continent: donnez-moi la grâce d'accomplir ce que vous me commandez.

Ce sont les mots d'un homme qui aime la vérité de la grâce irrésistible, parce qu'il sait qu'il n'est rien sans elle. Mais dans ses lettres doctrinales, il insiste également sur ces vérités bien-aimées:

> Si, comme je préfère le penser dans votre cas, vous êtes d'accord avec nous en supposant que nous faisons notre devoir en priant Dieu, comme c'est notre coutume, pour ceux qui refusent de croire, afin qu'ils soient consentants à croire, et pour ceux qui résistent et s'opposent à Dieu, à sa loi et à sa doctrine, afin qu'ils puissent croire et suivre Dieu. Si vous êtes d'accord avec nous en pensant que nous faisons notre devoir en rendant grâce à Dieu, comme c'est notre coutume, pour de telles personnes quand elles ont été converties...alors vous êtes sûrement prêt à admettre que la volonté des hommes est d'avance touchée par

la grâce de Dieu, et que c'est Dieu qui suscite en eux le désir de faire le bien qu'ils avaient refusé de faire auparavant ; c'est donc à Dieu que nous avions demandé d'agir, et nous savons que nous devons lui rendre grâce de l'avoir fait… (*Épître à Vitalis*, ccxvii, traduction libre).

Pour Augustin, la vérité de la grâce irrésistible était le fondement de ses prières pour la conversion des perdus, et le fondement de ses actions de grâce quand ils étaient convertis.

JONATHAN EDWARDS

Jonathan Edwards, le grand prédicateur et théologien de Nouvelle-Angleterre au XVIIIe siècle, avait également un amour profond pour ces vérités. Alors qu'il avait 26 ans, il a décrit la journée où il était tombé amoureux de la souveraineté de Dieu :

> Il y a eu un changement merveilleux dans mon esprit, en ce qui a trait à la doctrine de la souveraineté de Dieu, depuis ce jour jusqu'à maintenant… la souveraineté absolue de Dieu… est l'assurance sur laquelle mon esprit repose et que je peux voir tout autant que les choses que mes yeux aperçoivent… La doctrine m'est apparue très souvent comme étant extrêmement agréable, brillante et douce. L'absolue souveraineté est ce que j'aime attribuer à Dieu. La souveraineté de Dieu m'a toujours semblé une part importante de sa gloire. J'ai souvent pris plaisir à m'approcher de Dieu et à l'adorer comme un Dieu souverain[1].

---

1. « Personal Narrative », cité dans *Jonathan Edwards, Selections*, New York, Hill & Wang, 1935, p. 59 (traduction libre).

GEORGES WHITEFIELD

Jonathan Edwards a pleuré ouvertement quand Georges Whitefield a prêché dans son église, car il a vraiment aimé son message. George Whitefield était un grand évangéliste du XVIIIe siècle. Il a dit: « J'embrasse le calvinisme, non pas à cause de Calvin, mais parce que Jésus-Christ me l'a enseigné[2] ».

Il a supplié John Wesley de ne pas s'opposer aux doctrines du calvinisme:

> Je ne peux supporter la pensée de m'opposer à vous: mais comment puis-je l'éviter, si vous persistez (comme votre frère Charles l'a déjà dit) à expulser Calvin de Bristol. Hélas, je n'ai jamais lu les écrits de Calvin; mes doctrines, je les tiens de Christ et de ses apôtres; Dieu me les a enseignées[3].

Ce sont ces convictions qui le remplissaient d'un zèle saint pour l'évangélisation:

> Les doctrines de notre élection et de notre justification gratuite en Jésus-Christ s'imprègnent jour après jour de plus en plus dans mon cœur. Elles remplissent mon âme d'un feu dévorant et me donnent une grande confiance en Dieu mon Sauveur.
>
> J'espère que nous prendrons feu au contact l'un de l'autre et qu'il y aura une sainte émulation parmi nous, qui abaissera l'homme et saura exalter notre Seigneur Jésus. Rien ne peut accomplir une telle chose comme les doctrines de la Réforme. Toutes les autres accordent à l'homme le libre arbitre et font de lui, en partie du moins, un sauveur pour lui-même. Mon âme, éloigne-toi

---

2. Arnold Dalimore, *Georges Whitefield*, vol. 1, Édimbourg, Banner of Truth Trust, 1970, p. 406 (traduction libre).
3. *Ibid.*, p. 574 (traduction libre).

de ceux qui enseignent de telles choses… Je sais que Christ est tout en tous. L'homme n'est rien : il a le libre arbitre d'aller en enfer, mais non celui d'aller au ciel, jusqu'à ce que Dieu opère en lui le vouloir et le faire selon son dessein bienveillant.

Ah ! L'excellence de la doctrine de l'élection et de la persévérance finale des saints ! Je suis persuadé que jusqu'à ce qu'un homme en vienne à croire et à ressentir ces vérités importantes, il ne peut sortir de lui-même, mais une fois convaincu de ces doctrines et assuré de leur application à son propre cœur, alors seulement peut-il marcher pas la foi[4] !

GEORGE MÜLLER

George Müller est célèbre pour les orphelinats qu'il a fondés et la foi stupéfiante qu'il avait en priant Dieu de pourvoir à ses besoins. Peu de gens connaissent la théologie qui soutenait son grand ministère. Au cours de la vingtaine (1829), il a eu une expérience qu'il raconte comme suit :

> Avant cette période [où j'ai choisi la Bible comme seule référence en matière de jugement], je m'étais opposé aux doctrines de l'élection et particulièrement à celle de la rédemption (c'est-à-dire à la rédemption particulière) et à la grâce de la persévérance finale. Mais j'étais maintenant amené à examiner ces précieuses vérités à la lumière de la Parole de Dieu. Étant disposé à ne pas me glorifier de la conversion des pécheurs, mais de me considérer simplement comme un instrument ; et étant disposé à recevoir ce que les Écritures disaient, je me suis tourné vers la Parole, lisant le Nouveau Testament depuis le début, avec un égard particulier concernant ces vérités.

---

4. *Ibid.*, p. 407 (traduction libre).

> À mon grand étonnement, j'ai trouvé que les passages qui confirment de toute évidence l'élection et la grâce persévérante étaient quatre fois plus nombreux que ceux qui semblent contredire ces vérités, et mêmes ces quelques passages, après les avoir étudiés et compris, ont servi à me confirmer les doctrines dont il est question ci-dessus.
>
> Quant à l'effet que la croyance en ces doctrines a eu sur moi, je suis contraint de déclarer, pour la gloire de Dieu, que bien que je sois toujours extrêmement faible et nullement mort à la convoitise de la chair, à la convoitise des yeux et à l'orgueil de la vie, comme je pourrais et devrais l'être, toutefois, par la grâce de Dieu, j'ai marché plus près de lui depuis cette période. Ma vie est devenue plus stable, et je peux dire que j'ai vécu beaucoup plus pour Dieu que je ne l'avais jamais fait auparavant[5].

CHARLES SPURGEON

C. H. Spurgeon était contemporain de George Müller. Il a été pasteur du Metropolitan Tabernacle de Londres pendant 30 ans, le pasteur le plus célèbre de son temps — et de plus, un baptiste. Sa prédication était puissante pour amener des âmes à Christ. Mais quel était son Évangile, qui tenait des milliers de personnes sous le charme chaque semaine et en conduisait plusieurs au Sauveur ?

> Selon mon opinion personnelle, il est impossible de prêcher Christ et Christ crucifié à moins de prêcher ce que nous appelons aujourd'hui le calvinisme. Le calvinisme est un surnom ; le calvinisme est l'Évangile et rien d'autre. Je ne crois pas que nous puissions prêcher l'Évangile... à moins de prêcher la

---

5. *Autobiography*, Londres, J. Nisbet & Co., 1906, p. 33-34 (traduction libre).

souveraineté de Dieu dans sa dispensation de la grâce ; pas plus qu'il n'est possible de le faire sans exalter l'amour de Jéhovah, électif, inchangeable, éternel, immuable, conquérant ; je ne pense pas non plus que nous puissions prêcher l'Évangile à moins qu'il soit fondé sur la rédemption spéciale et particulière de son peuple élu et choisi que Christ a acquis à la croix ; pas plus que je ne peux comprendre un évangile qui laisserait les saints s'éloigner après les avoir appelés[6].

Il n'avait pas toujours cru ces choses. Spurgeon raconte sa découverte de ces vérités à l'âge de 16 ans :

> Né, comme chacun de nous par nature, un arminien, je croyais ces mêmes vieilles choses que j'avais entendu répéter de la chaire, et je ne voyais pas la grâce de Dieu. Quand j'étais venu à Christ, je pensais l'avoir fait de moi-même, et bien que j'aie cherché Dieu de tout mon cœur, je n'avais aucune idée que le Seigneur me cherchait... et je peux me rappeler le jour et l'heure où, pour la première fois, j'ai reçu ces vérités dans mon âme – quand elles furent, comme le dit John Bunyan, imprimées dans mon cœur au fer rouge...
>
> Un soir en semaine, alors que j'étais assis dans la maison de Dieu, je ne portais pas attention à la prédication du pasteur, car je ne la croyais pas. Une pensée m'a alors frappé : « Comment es-tu devenu chrétien ? » J'ai cherché le Seigneur. « Mais comment en es-tu venu à chercher le Seigneur ? » La vérité a alors traversé mon esprit à la vitesse de l'éclair : je ne pouvais l'avoir cherché à moins qu'une influence dans mon esprit m'ait incité à le chercher. J'ai prié, pensais-je, mais comment en suis-je venu à prier ? J'ai été amené à prier en lisant les Écritures. Comment

---

6. *Autobiography* [1897], vol. 1, Édimbourg, Banner of Truth Trust, 1962, p. 168 (traduction libre).

en suis-je venu à lire les Écritures ? Je les ai lues, certes, mais comment en suis-je venu à les lire ? Alors, en un instant, j'ai vu que Dieu était au fond de tout ceci, et qu'il était l'Auteur de ma foi et ainsi, toute la doctrine de la grâce m'est apparue, et je ne me suis jamais éloigné de cette doctrine depuis ce jour, et je désire en faire ma confession constante : « J'attribue ma transformation entièrement à Dieu[7] ».

Spurgeon a fondé un collège pour les pasteurs et soutenait que la clé pour devenir un bon enseignant dans l'église consistait à bien saisir ces doctrines de la grâce.

L'arminianisme est coupable d'avoir élaboré des doctrines qui sèment la confusion et d'avoir agi de manière à faire obstacle à une compréhension claire et lucide des Écritures ; leur mauvaise interprétation ou leur ignorance du dessein éternel de Dieu, démembre la signification de tout le plan de la rédemption. Assurément, la confusion est inévitable en l'absence de la vérité fondamentale de l'élection.

Sans elle, ils manquent d'unité de pensée et dans l'ensemble, ils n'ont aucune idée du plan divin. Il est presque impossible pour un homme de devenir théologien à moins de commencer par *[la doctrine de l'élection]*. Vous pouvez si vous le souhaitez placer un jeune croyant au collège pendant plusieurs années, mais à moins de lui faire comprendre les rudiments de cette alliance éternelle, il fera très peu de progrès. Parce que ses études ne seront pas cohérentes, il ne verra pas comment une vérité coïncide avec une autre, et comment toutes les vérités s'harmonisent entre elles...

---

7. *Ibid.*, p. 164-165 (traduction libre).

Choisissez n'importe quel comté à travers l'Angleterre et vous y trouverez de pauvres hommes sans instruction qui ont une meilleure connaissance des choses de Dieu que la moitié de ceux qui sortent de nos académies et de nos collèges, pour la simple raison que ces hommes ont d'abord appris dans leur jeunesse que la doctrine de l'élection est le centre de leur croyance, et qu'ils ont par la suite découvert que leur propre expérience y correspondait[8].

---

8. Charles Spurgeon, « Effects Of Sound Doctrine », sermon prononcé le dimanche soir 22 avril 1860 à New Park Street Chapel, traduction libre.

Chapitre 9

• • • • •
UN APPEL FINAL

Il est juste que nous terminions cette discussion de ce que nous croyons au sujet de ces doctrines de la grâce en vous implorant, cher lecteur, de recevoir ce Christ magnifique qui est l'Auteur éternel de ces doctrines. Prêtons attention à cette supplication de J. I. Packer, l'un des grands défenseurs contemporains de ces vérités :

> À la question : « Que dois-je faire pour être sauvé ? », l'évangile ancien [*le calvinisme*] répond : crois au Seigneur Jésus-Christ. À cette autre question : que veut dire croire au Seigneur Jésus-Christ ? Il répond : cela signifie se reconnaître pécheur et savoir que Christ est mort pour les pécheurs et, abandonnant toute justice et toute confiance qui reposent sur soi-même, ne compter que sur lui seul pour obtenir le pardon et la paix ; échanger notre inimitié et notre rébellion envers Dieu contre un esprit de soumission reconnaissante à la volonté de Christ, grâce au renouvellement de notre cœur par le Saint-Esprit.
>
> Et à cette nouvelle question : comment puis-je croire en Christ et me repentir, si je n'ai pas la capacité naturelle de faire ces choses ? L'évangile ancien répond : regardez à Christ, parlez à

Christ, criez à Christ, tel que vous êtes ; confessez vos péchés, votre incrédulité, votre impénitence, et appuyez-vous sur sa miséricorde ; demandez-lui de vous donner un cœur nouveau qui opérera en vous une repentance véritable et une foi ferme ; demandez-lui de changer votre cœur incrédule et méchant et d'écrire sa loi en vous, afin que vous ne vous éloigniez jamais plus de lui. Tournez-vous vers lui, faites-lui confiance du mieux que vous le pouvez, et priez-le de vous accorder la grâce de lui faire entièrement confiance ; utilisez les moyens de grâce dans une vive attente, comptant sur Christ pour qu'il s'approche de vous, comme vous cherchez à vous approcher de lui ; veillez, priez, lisez et entendez la Parole de Dieu, adorez et communiez avec le peuple de Dieu, et continuez à agir ainsi jusqu'à ce que vous sachiez en vous-même, sans l'ombre d'un doute, que vous êtes assurément un être transformé, un croyant repentant et que vous avez reçu le cœur nouveau que vous aviez désiré[1].

Laissons Charles Spurgeon nous conduire en prière :

Joignez-vous à moi en prière, je vous prie. Joignez-vous à moi alors que je mets ces mots dans votre bouche, et parle en votre nom – « Seigneur, je suis coupable, je mérite ta colère. Seigneur je ne peux me sauver moi-même. Seigneur, je voudrais un cœur nouveau et un esprit droit, mais que puis-je faire ? Seigneur je ne peux rien faire, viens et travaille opère en moi le vouloir et le faire selon ton dessein bienveillant.

> Toi seul as la puissance, je le sais,
> De sauver une épave comme moi ;
> Vers qui me tournerais-je et où irais-je,
> Si je m'éloignais de toi ?

---

1. J. I. Packer, *The Quest for Godliness*, Wheaton, Crossway, 1994, p. 144 (traduction libre).

Mais maintenant, de toute mon âme, je crie vers toi. Tremblant, mais confiant, je me repose entièrement sur toi, Seigneur. Je place ma confiance dans le sang et la justice de ton cher Fils… Seigneur, sauve-moi ce soir, pour l'amour de Jésus[2] ».

---

2. Citation de Iain Murray, *The Forgotten Spurgeon*, Édimbourg, Banner of Truth Trust, 1973, p 101-102 (traduction libre).

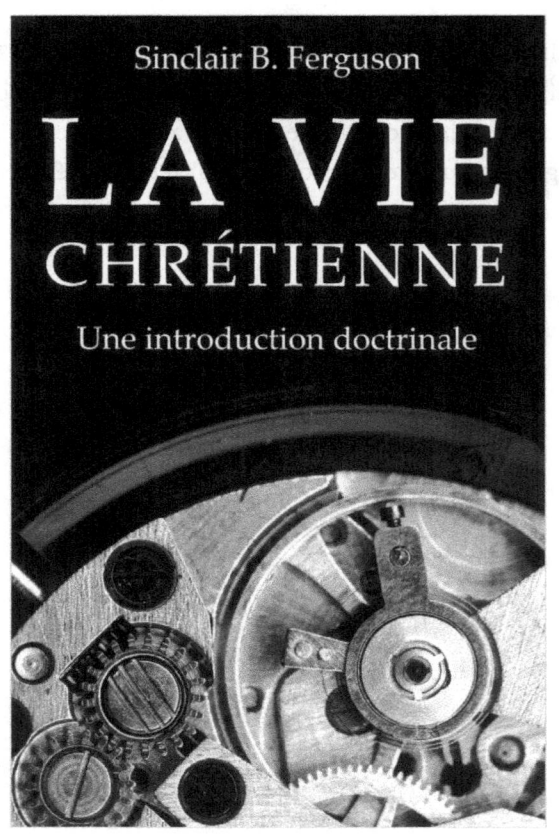

LA VIE CHRÉTIENNE
Une introduction doctrinale

SINCLAIR B. FERGUSON

Largement utilisé et apprécié depuis sa première parution, le livre *La vie chrétienne* offre aux lecteurs les rouages de la vie chrétienne. Non seulement il expose l'enseignement des Écritures, mais il décrit ses répercussions pratiques dans la vie chrétienne.

5,5 x 8,5 po | broché | 218 pages
978-2-924110-76-8

SOLAS
La quintessence de la foi chrétienne

PASCAL DENAULT

L'auteur présente plus qu'une simple recherche historique. Il affirme à juste titre que l'Évangile prêché par les apôtres et les pères de l'Église et plus tard par les réformateurs est le même message qui doit être prêché aujourd'hui afin que des hommes et des femmes perdus et sans espoir puissent trouver la vie éternelle et l'espérance.

5,5 x 8,5 po | broché | 205 pages
978-2-924110-88-1

Publications Chrétiennes est une maison d'édition évangélique qui publie et diffuse des livres pour aider l'Église dans sa mission parmi les francophones. Ses livres encouragent la croissance spirituelle en Jésus-Christ, en présentant la Parole de Dieu dans toute sa richesse, ainsi qu'en démontrant la pertinence du message de l'Évangile pour notre culture contemporaine.

Nos livres sont publiés sous six différentes marques éditoriales qui nous permettent d'accomplir notre mission :

Nous tenons également un blogue qui offre des ressources gratuites dans le but d'encourager les chrétiens francophones du monde entier à approfondir leur relation avec Dieu et à rester centrés sur l'Évangile.

reveniralevangile.com

Procurez-vous nos livres en ligne ou dans la plupart des librairies chrétiennes.

pubchret.org | xl6.com | maisonbible.net | amazon

www.ingramcontent.com/pod-product-compliance
Lightning Source LLC
Chambersburg PA
CBHW061956070426
42450CB00011BA/3120